DON QUICHOTTE

DE LA MANCHE

TROISIÈME SÉRIE. — Format in-8° carré

POITIERS. — IMPRIMERIE OUDIN ET Cie.

Cervantès.

L'INGÉNIEUX HIDALGO

DON QUICHOTTE

DE LA MANCHE

PAR

MIGUEL DE CERVANTÈS SAAVEDRA

Traduit par FLORIAN

NOUVELLE ÉDITION

ORNÉE DE NOMBREUSES REPRODUCTIONS DE LA BIBLIOTHÈQUE NATIONALE

PARIS

LECÈNE, OUDIN ET Cie, ÉDITEURS

15, RUE DE CLUNY, 15

DON QUICHOTTE

PREMIÈRE PARTIE

CHAPITRE PREMIER

DU CARACTÈRE ET DES OCCUPATIONS DU FAMEUX
DON QUICHOTTE DE LA MANCHE.

Dans un village de la Manche, vivait un de ces gentilshommes qui ont une vieille lance, une rondache rouillée, un cheval maigre et un lévrier. Un bouilli, plus souvent de vache que de mouton, une vinaigrette le soir, des œufs frits le samedi, le vendredi des lentilles, et quelques pigeonneaux de surplus le dimanche, emportaient les trois quarts de son revenu. Le reste payait sa casaque de drap fin, ses chausses de velours avec les mules pareilles pour les jours de fête, et l'habit de gros drap pour les jours ouvriers. Sa maison était composée d'une gouvernante de plus de quarante ans, d'une nièce qui n'en avait pas vingt et d'un valet qui faisait le service de la maison, de l'écurie, travaillait aux champs et taillait la vigne. L'âge de notre gentilhomme approchait de cinquante ans. Il était vigoureux, robuste, d'un corps sec, d'un visage maigre, très matinal et grand chasseur. L'on prétend qu'il avait le surnom de Quixada ou Quésada. Les auteurs varient sur ce point. Ce qui paraît le plus vraisemblable, c'est qu'il s'appelait Quixada. Peu importe, pourvu que nous soyons certains des faits.

Lorsque notre gentilhomme était oisif, c'est-à-dire les trois quarts de la journée, il s'appliquait à la lecture des livres de chevalerie avec tant de goût, de plaisir, qu'il en oublia la chasse et l'administration de son bien. Cette passion devint si forte, qu'il vendit plusieurs morceaux de terre pour se former une bibliothèque de ces livres, parmi lesquels il préférait surtout les ouvrages du célèbre Felician de Silva. Cette prose claire et facile, qui presque jamais n'a de sens, lui paraissait admirable. Il ne laissait pas encore d'être un peu étonné des prodigieuses blessures que don Bélianis faisait et recevait : quelque habiles que fussent les chirurgiens, il lui semblait qu'il en devait rester des cicatrices extraordinaires; mais il passait tout à l'auteur, en faveur de cette aventure interminable qu'il promet en terminant son livre. Plusieurs fois notre gentilhomme fut tenté de prendre la plume et d'achever ce beau chef-d'œuvre; malheureusement le temps lui manqua.

Il avait souvent des querelles avec le curé du village, homme instruit, et gradué à Siguence, sur le plus ou moins de mérite de *Palmerin d'Angleterre* et d'*Amadis de Gaule*. Maître Nicolas, barbier du lieu, s'était hautement déclaré pour le chevalier du Soleil, et n'estimait après lui que don Galaor, frère d'Amadis, parce que, disait-il, celui-là était assez accommodant et qu'il ne pleurait pas toujours, comme son langoureux frère. Enfin notre gentilhomme, uniquement occupé de ces idées, passait les jours et les nuits à s'en repaître. Cette continuelle lecture et le défaut de sommeil lui desséchèrent la cervelle : il perdit le jugement. Sa pauvre tête n'était plus remplie que d'enchantements, de batailles, de tournois, et de toutes les folies qu'il avait vues dans ses livres.

Bientôt il lui vint dans l'esprit l'idée la plus étrange que jamais on ait conçue. Il s'imagina que rien ne serait plus utile à sa patrie, que de ressusciter la chevalerie errante, en allant lui-même à cheval, armé comme les paladins, cherchant les aventures, redressant les torts, réparant les injustices. Le pauvre homme se voyait déjà conquérant par sa valeur l'empire de Trébizonde. Enivré de ces espérances, il résolut aussitôt de mettre la main à l'œuvre. La première chose qu'il fit fut d'aller chercher de vieilles armes couvertes de rouille, qui depuis son bisaïeul étaient restées dans un coin. Il les nettoya, les rajusta le mieux qu'il put; mais il vit avec chagrin qu'il lui manquait la moitié du casque. Son adresse y suppléa; il fit cette moitié de carton, et parvint à se fabriquer quelque chose qui ressemblait à un casque. A la vérité, voulant éprouver s'il était de bonne trempe, il tira son épée, et, le frappant de toute sa force, il brisa du premier coup tout son ouvrage de la semaine. Cette promptitude à se rompre ne laissa pas de lui déplaire dans un casque. Il recommença son travail, et cette fois ajouta par-dessus de petites bandes de fer qui le rendirent un peu plus solide. Satisfait de son invention, et ne se souciant plus d'en faire une nouvelle épreuve, il se tint pour très bien armé. Alors il fut voir son cheval; et quoique la pauvre bête ne fût qu'un squelette vivant, il lui parut plus vigoureux que le Bucéphale d'Alexandre ou le Rabiéca du Cid. Il rêva pendant quatre jours au nom qu'il lui donnerait : ce qui l'embarrassait beaucoup; car, devant faire du bruit dans le monde, il désirait que ce nom exprimât ce qu'avait été le coursier avant sa noble destinée et ce qu'il était devenu. Après en avoir adopté, rejeté, changé plusieurs, il se détermina pour *Rossinante*, nom sonore selon lui, beau, grand, significatif. Il fut si content d'avoir trouvé ce nom superbe pour son cheval, qu'il résolut d'en chercher un pour lui-même; et cela lui coûta huit autres jours. Enfin il se nomma don Quichotte. Mais, se rappelant qu'Amadis ne s'était pas contenté de s'appeler seulement Amadis, et qu'il y avait joint le nom de la Gaule, sa patrie, il voulut aussi s'appeler *don Quichotte de la Manche*, pour faire participer son pays à la gloire qu'il acquerrait.

Mais le principal lui manquait encore : c'était une dame, car un chevalier sans une dame à servir est un arbre sans fruits, sans feuilles, une espèce de corps sans âme. « Si pour mes péchés, disait-il, ou plutôt pour mon bonheur, je me rencontre avec un géant, ce qui arrive tous les jours, et que du premier coup je le renverse, le partage par le milieu du corps, ou enfin l'oblige à se rendre, ne me sera-t-il pas agréable d'avoir une dame à qui l'envoyer, afin que, se présentant devant elle, il vienne se mettre à genoux, et lui dise d'une voix soumise : « Madame, vous voyez ici le géant Caraculiambro, souverain de l'île de Malindranie. L'illustre chevalier que la renommée ne peut jamais assez louer, don Quichotte de la Manche, après m'avoir vaincu en combat singulier, m'a prescrit de me rendre aux pieds de votre grandeur pour qu'elle dispose de moi. »

Oh! que notre héros fut content de lui lorsqu'il eut fait ce discours! et qu'il le fut davantage quand il eut trouvé le nom de sa dame! Il choisit une assez jolie paysanne des environs. Elle se nommait Aldonza Lorenzo; mais, voulant lui donner un nom plus convenable à une princesse, il l'appela *Dulcinée du Toboso*. C'était dans ce village qu'elle demeurait. Ce nom, qui lui coûta du travail, lui parut aussi harmonieux, aussi agréable, aussi expressif que tous ceux qu'il avait choisis.

CHAPITRE II

COMMENT DON QUICHOTTE SORTIT DE CHEZ LUI LA PREMIÈRE FOIS.

Notre héros, étant pourvu de tout ce qu'il lui fallait, ne voulut pas différer plus longtemps l'exécution de son projet sublime. Il se croyait responsable de tout le mal que son inaction laissait commettre sur la terre. Un matin donc, avant le jour, dans le plus chaud du mois de juillet, sans être vu, sans en rien dire, il se couvre de ses armes, monte sur Rossinante, et, la lance au poing, la rondache au bras, sa visière de carton baissée, il sort par une porte de derrière, et se voit enfin en campagne. Surpris, charmé que le commencement d'une aussi grande entreprise n'eût pas éprouvé plus de difficultés, il lui vint pourtant une réflexion désolante qui manqua lui faire tout abandonner : il se rappela qu'il n'était point armé chevalier, et que, suivant leurs lois sacrées, il lui était défendu de combattre avant d'avoir reçu l'ordre de la chevalerie, d'avoir porté comme novice les armes blanches et l'écu sans devise. Ce terrible scrupule le tourmentait ; mais il y trouva remède. Il se promit de se faire recevoir chevalier par le premier qu'il rencontrerait, comme cela était arrivé à tant d'autres dont il avait lu les histoires. Quant aux armes blanches, il était bien sûr que les siennes deviendraient telles à force de les fourbir. Cette idée rendit le calme à son âme. Il poursuivit son chemin en laissant aller Rossinante à son gré ; car il lui semblait qu'en cela consistait l'essence des aventures.

Il cheminait assez lentement, tandis que le soleil, déjà sur sa tête, l'enveloppait de ses rayons, et aurait fondu sa cervelle s'il en était resté au pauvre homme. Il marcha presque tout le jour sans rencontrer, à son grand dépit, la moindre occasion d'exercer son courage. En regardant de tous côtés pour découvrir quelque château ou quelque cabane de pâtre qui pût lui servir d'asile, il aperçut une hôtellerie ; et, rendant grâces au ciel de cette fortune, il se pressa d'y arriver.

Le hasard fit que deux jeunes filles étaient alors sur la porte de l'auberge. Don Quichotte, qui voyait partout ce qu'il avait lu, n'eut pas plus tôt découvert l'hôtellerie, qu'il la prit pour un château superbe, avec ses fossés et son pont-levis, ses quatre tours, ses créneaux d'argent, tels qu'ils sont décrits dans les romanciers. Il s'approcha du prétendu château, et, s'arrêtant à peu de distance, il attendit que le nain se montrât sur une des plates-formes pour annoncer, selon l'usage, en sonnant de la trompette, l'arrivée du chevalier. Comme le nain ne se pressait pas et que Rossinante paraissait pressé de gagner l'écurie, notre héros s'avança jusqu'à la porte où étaient les deux jeunes filles. Elles lui parurent deux demoiselles de haut parage, prenant le frais devant leur château. Dans le même instant un porcher, pour rassembler son troupeau, se mit à sonner d'un mauvais cornet. Don Quichotte ne douta plus que ce ne fût le nain qui l'annonçait ; et, s'adressant aux demoiselles, un peu effrayées de ses armes : « Rassurez-vous, leur dit-il, en leur montrant sous sa visière de carton un visage sec et poudreux, vos seigneuries n'ont rien à craindre : les lois de la chevalerie, que je fais profession de suivre, me défendent d'offenser personne, et me prescrivent surtout d'être aux ordres des demoiselles aussi respectables que vous. »

Ce langage et la mine du chevalier firent éclater leurs rires. Don Quichotte perdait patience, lorsque heureusement l'aubergiste arriva. C'était un gros Andalous de la plage de San Lucar, fin comme l'ambre, rusé voleur, et plus malin qu'un écolier. Il fut sur le point de rire aussi bien que les demoiselles quand il aperçut l'extraordinaire figure du gentilhomme cuirassé ; mais, craignant qu'il ne prît mal la plaisanterie, il voulut en user poliment. « Seigneur chevalier, dit-il, si Votre Seigneurie demande à coucher, elle trouvera ici tout ce qu'il lui faut, excepté un lit ; c'est la seule chose qui nous a toujours manqué. » Don Quichotte, très satisfait des offres obligeantes de l'alcade de la forteresse, car l'aubergiste lui parut tel, se hâta de lui répondre : « Seigneur châtelain, tout est bon pour moi ; les armes sont ma parure et les combats mon repos. — Cela étant, reprit l'aubergiste, un peu surpris de s'entendre appeler châtelain, si Votre Seigneurie veut passer ici la nuit sans dormir, elle y sera plus commodément que partout ailleurs. » En achevant ces mots, il courut tenir l'étrier de don Quichotte, qui descendit avec assez de peine, comme un homme encore à jeun.

Son premier soin fut de recommander à l'aubergiste de ne laisser manquer de rien son cheval, qu'il assura être le meilleur des animaux de ce monde. L'aubergiste, le considérant, fut loin d'en être convaincu ; cependant il le conduisit à l'écurie et revint près de don Quichotte, qu'il trouva se faisant désarmer par les deux belles demoiselles déjà réconciliées avec lui. Ces dames lui avaient ôté les deux pièces de la cuirasse ; mais elles ne pouvaient venir à bout de désenchâsser sa tête du hausse-col et du casque, que don Quichotte avait attachés l'un à l'autre avec de petits rubans verts si étroitement noués, qu'il fallait couper les nœuds. Notre chevalier s'y opposa fortement : il aima mieux rester toute la nuit avec son casque, ce qui faisait la plus étrange figure que l'on puisse imaginer. Mais tandis qu'on le désarmait, vivement touché des soins de ces demoiselles, il leur parlait avec beaucoup de grâce.

A tout cela les jeunes filles restaient muettes. Elles lui demandèrent enfin s'il voulait manger quelque chose. Il répondit franchement qu'il avait besoin de dîner. Comme c'était un vendredi, l'on ne put trouver dans l'hôtellerie qu'une espèce de mauvaise merluche, bonne tout au plus pour les muletiers. L'hôte s'informa gravement si don Quichotte aimait la marée ; et sur sa réponse que c'était pour lui la meilleure chère, on dressa la table devant la porte. Bientôt on vint lui servir de cette détestable merluche avec un pain plus noir et plus dur que les armes du chevalier. Quand don Quichotte voulut goûter de la prétendue marée, son hausse-col de fer l'empêcha de pouvoir rien porter à sa bouche ; il fallut qu'une des demoiselles voulût bien remplir cet office ; et lorsqu'il fut question de boire, sa visière l'embarrassa tellement, que jamais il n'en serait venu à bout, si l'aubergiste n'avait inventé de percer un long roseau par lequel on fit arriver le vin. Notre héros supportait tout patiemment plutôt que de sacrifier ses rubans verts. La seule chose qui l'affligeait au fond de l'âme, c'était de n'être point encore armé chevalier.

CHAPITRE III

DE L'AGRÉABLE MANIÈRE DONT NOTRE HÉROS REÇUT L'ORDRE DE CHEVALERIE.

Tourmenté de cette idée, don Quichotte abrège son mauvais souper, se lève, appelle l'aubergiste; et, s'enfermant avec lui dans l'écurie, il se jette à ses genoux : « Illustre chevalier, lui dit-il, j'ose supplier votre courtoisie de vouloir m'accorder un don. » L'aubergiste, surpris de ces paroles et de voir cet homme à ses pieds, s'efforçait de le relever; mais, n'en pouvant venir à bout, il lui promit ce qu'il demandait. « Je n'en attendais pas moins de votre magnanimité, reprit don Quichotte : ce que je désire de vous ne peut tourner qu'à votre gloire et au profit de l'univers : c'est de permettre que cette nuit même je fasse la veille des armes dans la chapelle de votre château et que demain, au point du jour, vous me conf0x00E9riez l'ordre de chevalerie, afin que je puisse aller dans les quatre parties du monde secourir les faibles et les opprimés, selon l'usage des chevaliers errants, au nombre desquels je brûle de me voir enfin agrégé. »

L'aubergiste, comme nous l'avons dit, ne manquait pas de malice. Il avait d'abord soupçonné la folie de don Quichotte : il n'en douta plus après ces paroles; et voulant s'en amuser, il lui répondit très sérieusement : « Seigneur, un si noble désir est digne de votre grande âme. Vous ne pouviez, pour le satisfaire mieux, vous adresser qu'à moi; ma jeunesse entière fut consacrée à cet honorable exercice. J'allais courant l'univers et cherchant les aventures dans les faubourgs de Malaga, dans les marchés de Séville, de Ségovie, de Valence, sur les ports, aux jardins publics, à la bourse, partout enfin où je trouvais quelque chose à faire. Me voyant vieux, j'ai pris le parti de me retirer dans mon château, où je vis paisiblement de mon bien et de celui des autres, me faisant toujours un plaisir de recevoir de mon mieux tous les chevaliers errants qui passent, de quelque qualité qu'ils soient, et ne leur demandant pour prix d'une si tendre affection que de partager avec moi l'argent qui peut les embarrasser. Dans ce moment, je n'ai point de chapelle à vous offrir, parce que je viens de l'abattre pour en construire une plus belle ; mais il est possible de s'en passer ; et ma cour, qui est grande, commode, sera précisément ce qu'il faut pour que vous fassiez cette nuit la veille des armes. Demain matin, nous remplirons les autres cérémonies ; après quoi vous serez chevalier, et tout aussi bon chevalier qu'il y en ait jamais eu au monde. Répondez-moi d'abord sur un point qui ne laisse pas de m'intéresser : avez-vous de l'argent ?

— Non, répondit don Quichotte ; je n'ai jamais lu qu'aucun chevalier se fût muni de ce vil métal. — Vous êtes dans l'erreur, reprit l'aubergiste ; si les historiens n'en parlent pas, c'est qu'ils ont pensé qu'il allait sans dire que les chevaliers ne marchaient jamais sans une chose aussi nécessaire que de l'argent. Je puis vous assurer qu'ils portaient tous une bourse bien garnie, des chemises blanches, et une petite boîte d'onguent pour les blessures qu'ils pouvaient recevoir. Vous sentez bien qu'ils n'étaient pas toujours sûrs, après un combat terrible, de voir arriver sur un nuage une demoiselle ou un nain qui vînt leur faire boire de ces eaux divines dont une seule goutte guérissait leurs plaies. Pour plus grande précaution, ils chargeaient leurs écuyers d'avoir avec eux de la charpie, de l'onguent et de l'argent. Quand ils n'avaient point d'écuyers, ce qui était rare, à la vérité, ces messieurs portaient leur provision dans un petit porte-manteau, qui ne paraissait presque point sur la croupe du cheval, et qui n'était permis que pour ce seul cas. Ainsi, je vous ordonne, comme à mon fils en chevalerie, de ne jamais voyager sans argent ; vous verrez que vous et les autres s'en trouveront à merveille. »

Don Quichotte promit de n'y pas manquer. Pressé de commencer la veille des armes, il alla chercher les siennes, qu'il vint porter au milieu de la cour, sur une auge près du puits. Il prit seulement son écu, sa lance et se mit à se promener en long et en large devant l'auge.

Il arriva qu'un des muletiers logés dans l'hôtellerie voulut donner à boire à ses mulets, et s'en vint pour débarrasser l'auge. Don Quichotte, le voyant approcher, lui cria d'une voix terrible : « Qui que tu sois, présomptueux chevalier, tremble de toucher à ces armes : elles appartiennent au plus vaillant de tous ceux qui ont ceint l'épée, ta mort expierait ton audace. » Le malheureux muletier, écoutant peu le héros, prit les armes, et les jeta loin de lui. Don Quichotte, alors, jette son bouclier, saisit sa lance à deux mains, et la fait tomber avec tant de force sur la tête du muletier, qu'il l'étend par terre sans mouvement. Cela fait, il va relever ses armes, les remet froidement sur l'auge, et recommence à se promener.

L'instant d'après, un autre muletier, ignorant ce qui venait d'arriver à son confrère, qui restait là tout étourdi, voulut de même abreuver ses mulets, et retira les armes de dessus l'auge. Cette fois-ci, don Quichotte, sans lui dire une parole, lève sa lance et la lui casse sur la tête, qu'il ouvre en trois ou quatre endroits. L'aubergiste et tous les gens de la maison accoururent vers le chevalier, qui, se couvrant de son écu, s'écrie : « O dame de beauté, soutien et force de mon âme, animez-moi d'un de vos regards dans cette terrible aventure ! »

Cela dit, il se sentit tant de courage, que tous les muletiers de l'univers ne l'auraient pas fait reculer d'un pas. Les camarades des blessés commencèrent à prendre des pierres, qu'ils firent pleuvoir sur notre héros. Celui-ci s'en garantissait de son mieux avec son bouclier, et ne s'éloignait pas de l'auge. L'aubergiste se tuait de crier que c'était un fou, qu'il les avait avertis, qu'ils n'y gagneraient que des coups. Don Quichotte criait plus fort qu'ils étaient tous des lâches, des traîtres ; que le seigneur châtelain était lui-même un chevalier félon.

Il prononçait ces paroles d'un air si ferme, si résolu, que les muletiers, effrayés, finirent par suivre le conseil de l'hôte. Ils cessèrent de jeter des pierres, emportèrent les deux blessés, et don Quichotte reprit sa promenade aussi tranquillement qu'auparavant. L'aubergiste, qui commençait à ne plus rire des plaisanteries du héros, résolut de les faire finir en lui conférant le plus tôt possible ce malheureux ordre de chevalerie. Il vint lui demander excuse de la grossièreté de ces rustres qu'il avait si bien châtiés, l'assurant que tout s'était passé à son insu, et ajouta qu'au surplus, ayant satisfait à l'obligation de la veille des armes, qui n'exigeait que deux heures, il pouvait, au défaut de la chapelle, recevoir dans tout autre lieu l'accolade et le coup de plat d'épée sur le dos, seules choses nécessaires, suivant les rites de l'ordre.

Don Quichotte le crut aisément, le supplia de se dépêcher, parce qu'une fois armé chevalier, son dessein, si l'on venait encore le provoquer, était de ne laisser personne en vie dans le château. Le châtelain n'en fut que plus pressé d'aller chercher le livre où il écrivait ses rations de paille, et, suivi d'un petit garçon qui portait un bout de chandelle et des deux demoiselles dont j'ai parlé, il revint trouver don Quichotte, qu'il fit mettre à genoux devant lui. Marmottant alors dans son livre, comme s'il eût dit quelque oraison, il leva sa main, la fit tomber assez rudement sur le cou de don Quichotte, et, sans s'interrompre, le frappa de même avec le plat de son épée. L'une de ces dames, qui avaient besoin pour ne pas rire de se rappeler les promesses du chevalier, lui ceignit l'épée ; l'autre lui chaussa l'éperon.

Toutes les cérémonies achevées, notre nouveau chevalier, qui brûlait d'aller chercher les aventures, courut seller Rossinante, monta dessus, et tout à cheval vint embrasser l'aubergiste, en le remerciant de la faveur qu'il avait reçue de lui dans des termes si peu ordinaires qu'il me serait impossible de les rapporter. L'hôte, qui désirait fort de s'en voir défait, répondit plus brièvement, mais dans le même langage, et, sans rien lui demander de sa dépense, le vit partir avec grande joie.

CHAPITRE IV

DE CE QUI ADVINT A NOTRE CHEVALIER AU SORTIR DE L'HÔTELLERIE.

L'aube commençait à poindre lorsque don Quichotte se remit en route, si charmé, si transporté de se voir enfin armé chevalier, qu'il en tressaillait sur son cheval. D'après les conseils de l'aubergiste, il résolut de retourner chez lui pour se pourvoir d'argent, de chemises, et se donner un écuyer. Il jetait déjà les yeux sur un laboureur de ses voisins, pauvre et père de famille, mais qu'il jugeait d'avance très propre au métier d'écuyer errant. Dans cette pensée, il reprit le chemin de son village ; et Rossinante, qui semblait deviner son intention, se mit à marcher si légèrement, qu'à peine ses pieds effleuraient la terre.

Tout à coup, dans le fort d'un bois qu'il avait laissé à sa droite, notre chevalier entend des cris plaintifs. « Oh ! quel bonheur ! se dit-il ; le ciel, qui me favorise, veut que je remplisse dès aujourd'hui le plus cher devoir de ma profession. Ces plaintes viennent sûrement de quelque faible qu'on opprime, c'est à moi de le secourir. » Il tourne aussitôt vers le bois, et trouve presque à l'entrée une jument attachée à un arbre ; plus loin un jeune garçon de quinze ou seize ans, nu de la ceinture en haut, lié fortement au tronc d'un chêne. C'était lui qui poussait ces cris, et ce n'était pas sans motif : un laboureur, grand et vigoureux, le fustigeait avec une courroie, en accompagnant chaque coup d'une remontrance ou d'un conseil. « Silence, lui disait-il, attention, et profitez. » Le malheureux répondait : « Cela ne m'arrivera plus, mon maître ; au nom de Dieu, pardonnez-moi cette fois-ci, j'aurai plus de soin du troupeau. »

A cette vue, don Quichotte, d'une voix forte et courroucée, adresse ces mots au laboureur : « Chevalier féroce et lâche, qui ne rougissez pas de frapper celui qui ne peut se défendre, montez à cheval, prenez votre lance (il montrait un long bâton tout auprès de la jument), je vous ferai voir combien votre action est indigne d'un brave guerrier. » Le paysan, voyant arriver cette grande figure armée, répondit avec soumission : « Seigneur chevalier, ce jeune garçon que je châtie est mon valet, payé par moi pour avoir soin de mon troupeau. Il s'en acquitte si mal, que tous les jours j'ai quelque brebis de mécompte ; et parce que je veux corriger sa négligence ou sa friponnerie, il a l'audace de dire que c'est pour ne pas lui payer ses gages. Sur mon Dieu comme sur mon âme, je vous jure qu'il a menti. — Un démenti ! s'écria don Quichotte, un démenti devant moi ! Par le soleil qui m'éclaire, je ne sais pourquoi cette lance ne vous perce pas à l'instant. Allons, déliez ce jeune homme, et payez-le tout à l'heure, ou je vous anéantis. »

Le laboureur baissa la tête, et, sans répliquer, délia le jeune garçon, à qui don Quichotte demanda combien lui devait son maître. « Neuf mois, reprit le berger, à sept réaux chaque mois. » Notre chevalier compta que cela faisait soixante et trois réaux ; il ordonna au laboureur de les payer sur-le-champ, s'il ne voulait pas mourir. Celui-ci, tremblant de peur, assura qu'il ne devait pas tant, parce qu'il fallait retrancher du compte trois paires de souliers fournies au berger, plus deux saignées qu'on lui avait faites dans une maladie. « Non, reprit don Quichotte, ces deux articles iront pour les coups qu'il a reçus. — A la bonne heure, dit humblement le laboureur, mais je n'ai point d'argent sur moi : qu'André se donne la peine de venir à la maison, je lui compterai ses réaux. — A d'autres ! s'écria le berger ; Dieu me préserve de le suivre, nous ne serions pas plus tôt seuls, qu'il m'écorcherait comme un saint Barthélemi. — Il n'en fera rien, reprit le héros, son respect pour moi m'en est garant ; et pourvu qu'il me le jure par l'ordre de chevalerie qu'il a reçu, je le laisse libre, et suis sûr que vous serez bientôt payé. — Mais, monsieur, répondit André, que votre seigneurie fasse attention que mon maître n'a jamais reçu d'ordre de chevalerie ; c'est Juan Haldudo le riche, qui demeure près du Quintanar. — Qu'importe ? ajouta don Quichotte ; il peut y avoir des Haldudo chevaliers ; d'ailleurs chacun est fils de ses œuvres. — Ah ! de quelles œuvres est-il fils, s'écria tristement André, lui qui me refuse mon dû, le prix de mon travail et de mes sueurs ! — Je suis loin de vous le refuser, mon frère, dit alors le laboureur ; ayez la bonté de m'accompagner, et je vous jure, par tous les ordres de chevalerie possibles, que vous recevrez plus que vous ne demandez. — Je vous dispense du plus, interrompit don Quichotte, je ne vous demande que d'être plus exact. Prenez-y garde, je vous le conseille ; autrement je saurai bien vous retrouver, fussiez-vous caché comme le lézard. Il est juste que vous connaissiez celui qui vous donne cet ordre. Apprenez donc, pour mieux obéir, que je suis le valeureux don Quichotte de la Manche, celui qui venge les injures et qui redresse les torts. Adieu ; pensez à vos serments. » En achevant ces mots, il part et s'éloigne.

Le laboureur le suivit des yeux, et lorsqu'il l'eut perdu de vue : « Mon fils, dit-il à son valet, venez un peu, je vous prie ; il me tarde de vous payer ce que je vous dois, comme ce redresseur de torts me l'a prescrit. — Vous ferez fort bien, répondit André ; car si vous manquiez à votre parole, ce bon et digne chevalier, que Dieu conserve ! saurait vous la faire tenir. — Sans doute, reprit le laboureur ; mais pour augmenter le paiement je suis bien aise d'augmenter la dette. » Aussitôt il saisit le berger, l'attache une seconde fois au chêne, et le fustige beaucoup plus fort qu'auparavant. » Seigneur André, lui dit-il ensuite, appelez donc le redresseur de torts ; nous verrons comme il s'y prendra pour redresser celui-ci. » Alors il détache André, qui jurait en sanglotant d'aller chercher don Quichotte, pour lui conter de point en point tout ce qui venait d'arriver. Le laboureur le lui permit ; et l'un pleurant, l'autre riant, ils se séparèrent ainsi.

Pendant ce temps, notre héros, tout fier d'avoir si bien réparé une iniquité criante, continuait son chemin, en s'applaudissant

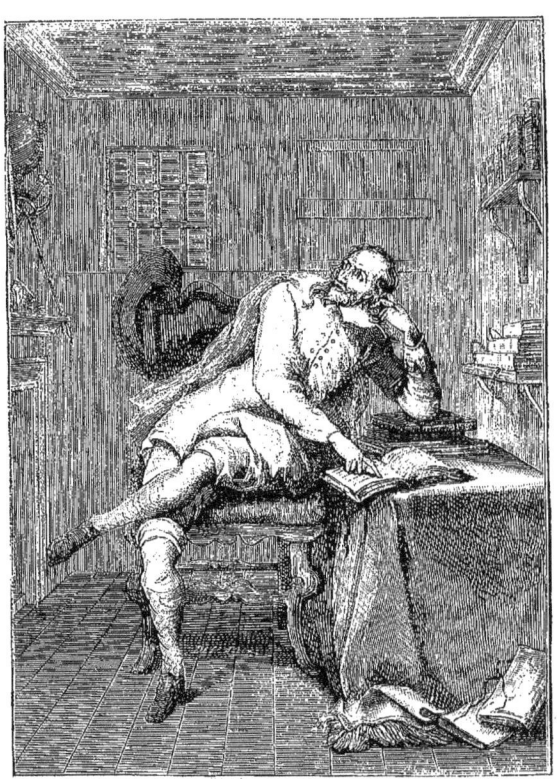

Don Quichotte.

tout seul des heureux commencements de sa glorieuse carrière. Bientôt il s'aperçut que le chemin se partageait en quatre ; et se rappelant aussitôt que les chevaliers errants s'arrêtaient toujours dans les carrefours, incertains de la route qu'ils devaient suivre, il voulut s'arrêter aussi pour laisser le choix à son coursier. Rossinante n'hésita point, et prit le chemin de son écurie. Mais il n'avait pas fait deux milles, que don Quichotte vit venir une troupe de gens à cheval. C'étaient, comme on l'a su depuis, des négociants de Tolède, allant acheter de la soie à Murcie. Ils étaient six avec des parasols, suivis de quatre valets montés et de trois garçons de mule à pied. Don Quichotte ne douta point que ce fût une grande aventure ; et sa mémoire lui fournit sur-le-champ le parti qu'il en pouvait trouver.

Il va se placer au milieu du chemin, prend une contenance fière, s'affermit sur ses étriers, prépare sa lance, et serre son écu ; et quand il voit approcher cette troupe de chevaliers errants, car ces voyageurs ne pouvaient pas être autre chose, il leur crie d'une voix tonnante : « Arrêtez tous, et confessez qu'aucune beauté de la terre n'égale l'impératrice de la Manche, la sans-pareille Dulcinée du Toboso. » A ces paroles, à cette étrange figure, les marchands, surpris, s'arrêtèrent ; mais jugeant bientôt que c'était un fou, l'un d'eux, plaisant et spirituel, voulut s'amuser de cette rencontre. « Seigneur chevalier, dit-il, aucun de nous ne connaît la dame dont vous nous parlez. Ayez la bonté de nous la faire voir ; si elle est aussi belle que vous le dites, nous en conviendrons de tout notre cœur. — Vraiment ? reprit don Quichotte ; si vous la voyiez, où serait le mérite de la trouver belle ? L'important, c'est que sans l'avoir vue vous en soyez sûrs, le disiez, l'affirmiez, le juriez, et le souteniez ; sinon, préparez-vous au combat, race orgueilleuse et superbe, soit un à un, selon les lois de la noble chevalerie, soit tous ensemble, suivant l'usage des hommes de votre espèce : mon bras seul suffit à ma cause. — Daignez m'écouter, reprit le marchand. Que votre seigneurie ait la complaisance de nous montrer seulement un portrait de cette dame ; si petit qu'il soit, il nous suffira pour la juger. Nous sommes même déjà tellement prévenus pour elle, que quand elle serait louche, borgne, boiteuse, bossue, nous n'en dirons pas moins ce qu'il vous plaira. — Elle n'est ni louche ni borgne, canaille infâme ! s'écrie don Quichotte, enflammé de colère ; ses yeux sont plus beaux, plus brillants que le flambeau de l'univers ; sa taille est plus fine, plus droite qu'un fuseau de Guadarrama. Vous allez payer tout à l'heure votre insolence et vos blasphèmes. »

A ces mots il court, la lance baissée, contre le blasphémateur ; et si son cheval n'eût fait un faux pas, le railleur s'en fût mal trouvé. Rossinante à bas, son maître par terre, embarrassé de son écu, de sa lance, de ses éperons, ne put jamais se relever. Au milieu de ses vains efforts, il criait toujours : « Ne fuyez pas, lâches : c'est la faute de mon cheval ; sans lui vous seriez châtiés ! » Un valet de mule, qui n'était point plaisant, s'ennuya de ces injures. Il s'approcha du chevalier démonté, prit sa lance, qu'il rompit en pièces, et s'armant d'un des morceaux, répondit à coups de bâton aux menaces furieuses de don Quichotte. Ses maîtres lui criaient en vain de ne pas frapper si fort, le jeune homme y prenait goût, et ne voulut cesser le jeu qu'après avoir usé l'un après l'autre tous les débris de la lance. Enfin il rejoignit la troupe, qui continua son chemin. Notre héros, demeuré seul, voulut encore essayer de se remettre sur ses pieds ; mais la chose n'était pas devenue plus facile depuis cette grêle de coups ; il resta dans la même place, s'estimant pourtant fort heureux de ce qu'une disgrâce commune à tant de chevaliers errants ne lui était arrivée que par la faute de son coursier.

CHAPITRE V

SUITE DU MALHEUR DE NOTRE HÉROS.

L'infortuné don Quichotte, voyant qu'il ne pouvait se mouvoir, eut recours à son remède ordinaire, et chercha dans sa mémoire quelque anecdote de ses livres qui eût rapport à sa situation. Il n'en trouva point de si ressemblante que l'aventure de Baudouin et du marquis de Mantoue, lorsque celui-ci le rencontra dans la montagne, couché de son long, nageant dans son sang, histoire connue des enfants comme des vieillards, et presque aussi véritable que les miracles de Mahomet.

Comme il répétait cette histoire, un laboureur de son village, qui venait de porter du blé au moulin, passa sur la route, et s'approchant de cet homme, qui semblait se plaindre, lui demanda quel mal il avait. Don Quichotte ne douta point que ce fût le marquis de Mantoue, son oncle, et ne lui répondit qu'en continuant la romance, dans laquelle il lui détaillait son malheur. Le laboureur, qui ne comprenait pas bien le sens de ce qu'il disait, lui détacha la visière à demi brisée, nettoya son visage couvert de poudre, et le regardant avec attention, ne tarda pas à le reconnaître. « Quoi! c'est vous, dit-il, seigneur Quixada. Qui a pu mettre votre seigneurie dans cet état? » A toutes ces questions point de réponse que la romance. Le bon laboureur s'occupa de lui ôter sa cuirasse, pour voir s'il n'était point blessé. Il ne vit de sang nulle part. Alors il le releva, le soutint, et, non sans peine, parvint à le mettre sur son âne, afin qu'il fût moins secoué dans la route. Ensuite il ramassa ses armes, jusqu'aux morceaux de la lance, les attacha sur Rossinante, prit sa bride d'une main, le licou de l'âne de l'autre, et s'achemina vers son village, rêvant en lui-même à ce que pouvait signifier tout ce que disait don Quichotte.

Celui-ci, que ses contusions faisaient tenir un peu de travers sur l'âne, levait les yeux au ciel, et poussait de si grands soupirs que le laboureur se crut obligé de le questionner de nouveau. Mais le diable, qui semblait se plaire à présenter à la mémoire du chevalier tout ce qu'il avait jamais lu, lui fit oublier dans l'instant l'aventure de Baudouin pour lui rappeler celle du Maure Abindarraès, lorsque le gouverneur d'Antequerre, après l'avoir fait prisonnier, le conduisit dans sa forteresse ; de sorte que cette fois il répondit au laboureur ce que répond à Rodrigue de Narvaès, dans la *Diane* de Montemayor, l'Abencerrage captif. Le laboureur, complètement dérouté, le considérait avec des grands yeux, cherchant à comprendre ce qu'il voulait dire.

Le jour finissait, nos voyageurs arrivèrent au village. Le laboureur conduisit don Quichotte à sa maison, où son absence avait répandu le trouble : ses bons amis, le curé, le barbier du lieu, étaient chez lui dans ce moment. La gouvernante criait de toutes ses forces : « Qu'en dites-vous, monsieur le licencié Pero Perez ? (C'était le nom du curé.) Voilà pourtant six jours entiers que mon maître ne paraît pas. Nous ne trouvons ni son cheval, ni sa rondache, ni ses armes. Ah! malheureuse que je suis ! Je vous le dis, monsieur le curé, qu'il n'y ait jamais de paradis pour moi si ces maudits livres de chevalerie ne lui ont brouillé la cervelle! Je me souviens bien à présent de l'avoir entendu dire, en parlant tout seul, qu'il voulait se faire chevalier errant et aller chercher les aventures. Que Satan et Barabbas puissent emporter tous ces livres qui ont gâté la meilleure tête de la Manche! — Ah ! maître Nicolas, reprenait la nièce en s'adressant au barbier, il faut que vous sachiez que mon oncle, qui passait quelquefois deux jours et deux nuits de suite à lire ces malheureux livres, se levait souvent en fureur, prenait son épée et frappait les murailles. Ensuite, quand il était las, il disait qu'il avait tué quatre géants plus hauts que des tours ; il buvait un grand verre d'eau, qu'il prétendait être un breuvage admirable, que son ami l'enchanteur Esquif lui avait donné pour guérir ses blessures. Je me repens bien, maître Nicolas, de ne pas vous avoir averti ; vous auriez pu sauver mon oncle en brûlant tous ces excommuniés de livres, qui méritent d'être mis au feu comme des hérétiques qu'ils sont. — Je suis de votre avis, répondait le curé ; nous nous sommes trop endormis sur le danger de ces livres ; mais demain ne se passera pas sans que j'en fasse un grand exemple. Ils ont perdu mon meilleur ami, je ne veux plus qu'ils perdent personne. »

Ils en étaient là quand le laboureur qui conduisait don Quichotte frappe à la porte en criant : « Ouvrez, ouvrez, s'il vous plaît. » A ces mots tout le monde court ; et les uns reconnaissant leur ami, l'autre son maître, l'autre son oncle, ils se pressent d'embrasser don Quichotte, qui ne pouvait descendre de dessus son âne. « Arrêtez, leur dit le héros ; je suis blessé, grièvement blessé par la faute de mon cheval. Il faut me porter dans mon lit, et faire venir, s'il est possible, la sage Urgande, afin qu'elle visite mes plaies. — L'entendez-vous ? cria la gouvernante ; ne l'avais-je pas deviné ? Venez, venez avec nous, monsieur ; nous saurons bien vous guérir sans que cette Urgande s'en mêle. Ah ! maudits soient encore une fois ces chiens de livres qui vous ont mis dans ce bel état. »

On porta don Quichotte au lit ; et comme, en cherchant ses blessures, on paraissait surpris de n'en point trouver : « Je ne suis que froissé, dit-il, parce que je suis tombé avec mon cheval en combattant dix géants les plus terribles que l'on puisse voir. — Ah ! ah ! reprit le curé, il y a des géants dans l'affaire ; demain, sans plus de retard, les livres seront brûlés. »

On fit à don Quichotte d'autres questions, auxquelles il ne répondait qu'en demandant à manger et à dormir. On lui obéit ; et pendant ce temps le laboureur raconta comment il avait trouvé don Quichotte, et toutes les folies qu'il avait dites. Cet entretien confirma le curé dans la résolution qu'il avait prise. Le lendemain, de bonne heure, il alla chercher son ami maître Nicolas le barbier, et se rendit avec lui à la maison de don Quichotte.

CHAPITRE VI

DU GRAND EXAMEN QUE FIRENT LE CURÉ ET LE BARBIER DANS LA BIBLIOTHÈQUE DE NOTRE GENTILHOMME.

Le chevalier dormait encore. Le curé pria sa nièce de lui ouvrir promptement la chambre où étaient les livres. La nièce et la gouvernante ne se firent pas prier. Elles accompagnèrent maître Nicolas et le curé, qui trouvèrent, rangés avec soin, une centaine de gros volumes bien reliés, et beaucoup d'autres plus petits. Le curé pria maître Nicolas de lui donner les volumes un à un, afin de voir si dans le nombre il n'y en avait point qu'on pût épargner. — « Non, non, s'écriait la nièce ; point de grâce pour aucun. Tous ont fait du mal à mon oncle, il faut tous les jeter par la fenêtre, les ramasser en tas dans la cour, et mettre le feu par-dessous. » La gouvernante était de cet avis ; mais le curé n'y consentit point et voulut au moins visiter les titres.

Le premier que maître Nicolas lui remit fut le volumineux *Amadis de Gaule*. « Ceci semble fait exprès, dit le curé ; on m'a toujours assuré qu'*Amadis* avait été le premier livre de chevalerie qu'on ait vu paraître en Espagne. Je suis d'avis de le condamner sans examen comme chef d'une aussi mauvaise secte. — Non, répondit le barbier : c'est, je vous assure, le moins ennuyeux de tous, et je demande grâce pour lui. — A la bonne heure, reprit le curé, ne soyons pas trop sévères. Quel est cet autre qui le suit ? *Esplandian, fils d'Amadis*. — Oh ! le fils ne vaut pas le père. Madame la gouvernante, ouvrez la fenêtre, et qu'*Esplandian* vole dans la cour, pour servir de base au bûcher. Comment nommez-vous le suivant ? — *Amadis de Grèce* ; et tout ce rayon me paraît de la famille des Amadis. — Eh bien, que tout le rayon aille dans la cour, sans regretter *la Reine Pintiquiniestre* et *le berger Darinel* avec ses fades églogues. » La gouvernante et la nièce, qui ne demandaient que la perte de ces pauvres innocents, les firent voler avec grande joie.

« Quant au reste de ces gros volumes, dit le curé, sans nous fatiguer à les voir, livrez-les à madame la gouvernante. »

Celle-ci ne se le fit pas dire deux fois : elle les prit à bras-le-corps et les jeta par la fenêtre. Un d'eux s'échappa de ses mains, et vint tomber aux pieds du barbier, qui le ramassa, et lut : *Histoire du fameux Tiran le Blanc*. « Comment ? s'écria le curé, Tiran le Blanc est ici ? donnez-le-moi, mon compère, c'est un trésor de gaieté. Dans ce livre, au moins, les chevaliers mangent, dorment, vivent et meurent comme les autres hommes. Gardez-le, maître Nicolas, et lisez-le quand vous voudrez vous divertir. »

« J'aperçois, continua-t-il, beaucoup de petits volumes qui doivent être des poésies. Justement ! Voici la *Diane* de Montemayor. Je crois, sauf meilleur avis, que nous pouvons sauver ceux-là. — Pardonnez-moi, s'écria la nièce ; je vous conseille de les brûler aussi ; car si mon oncle revient de sa maladie de chevalier, et qu'en lisant ces livres-là il lui prenne fantaisie de se faire berger, d'aller courir les prés en jouant de la flûte ou de la musette, vous conviendrez que nous n'en serons guère mieux, et ce serait bien pis, ma foi ! — C'est fort bien vu, reprit le curé ; il n'y aura pas de mal d'ôter cet écueil à notre ami. Voici la *Galatée* de Michel de Cervantès ; qu'en ferez-vous ? — Doucement, mon cher compère ! ne badinons pas, s'il vous plaît. L'auteur est mon intime ami ; de plus, il est bien malheureux. Mettez-le de côté, maître Nicolas ; j'ai mes raisons. — Nous avons ici l'*Araucana* de don Alonzo de Ercilla, avec l'*Austriade* de don Juan Rufo, et le *Monserrat* de Christophe de Viruès. — Ces trois ouvrages, dit le curé, sont ce que l'Espagne a de mieux en vers héroïques. Ce sont les seuls que nous puissions opposer aux poèmes des Italiens. Gardez-vous bien de les livrer à madame la gouvernante. Pour tout ce qui reste, je le lui abandonne, car je commence à être fatigué. »

CHAPITRE VII

SECONDE SORTIE DU CHEVALIER.

Dans ce moment, don Quichotte s'éveilla en criant à pleine tête : « A moi ! à moi ! c'est ici qu'il faut montrer ce que peut votre courage ; les courtisans remportent le prix du tournoi. » Tout le monde se pressa d'accourir ; et la précipitation avec laquelle on abandonna l'examen des livres fut cause sans doute que plusieurs, à qui le curé aurait pardonné, se trouvèrent enveloppés dans l'arrêt fatal. Don Quichotte était réveillé, debout, l'épée à la main, criant toujours de plus belle, et donnant de grands coups à droite et à gauche. On parvint à s'emparer de lui, à le remettre sur son lit. Notre héros se tournant alors vers le curé : « Certes, dit-il, seigneur archevêque Turpin, c'est une assez grande honte que tout ce que nous sommes ici des douze pairs abandonnions lâchement aux chevaliers de la cour le prix du tournoi, qui depuis trois soleils ne s'est soutenu que par notre vaillance. — Que voulez-vous ! mon cher voisin, répondit le curé, il faut se soumettre : Dieu permettra peut-être que la chance tourne ; et ce qui se perd aujourd'hui peut se regagner demain. Ne pensons qu'à votre santé ; vous êtes sûrement fort las, peut-être même blessé. — Blessé ? non, reprit don Quichotte : à la vérité un peu moulu, parce que ce bâtard de Roland, furieux de ce que j'étais le seul qui lui disputait la victoire, m'a frappé longtemps avec un tronc de chêne. Mais je consens à perdre mon nom de Renaud de Montauban si, dès que je serai debout, il ne me le paie bien cher, malgré ses enchantements. Pour l'heure, je n'ai besoin que de manger. » On lui servit à dîner ; il se rendormit aussitôt après.

La gouvernante profita de son sommeil pour brûler tous les volumes jetés dans la cour. Le curé et le barbier, voulant couper jusqu'à la racine du mal, firent murer sur-le-champ la porte du cabinet des livres, en recommandant à la nièce de dire à son oncle, quand il les chercherait, qu'un enchanteur les avait enlevés. En effet, deux jours après, don Quichotte, parfaitement rétabli, n'eut rien de plus pressé que d'aller à sa bibliothèque. N'en retrouvant plus la porte, il la cherchait de tous ses yeux, allait et venait, tâtait et retâtait avec ses mains, et s'arrêtait toujours à l'endroit où jadis était cette porte. Enfin, après un long silence, il demanda à sa gouvernante de lui indiquer son cabinet de livres. « Quel cabinet ? répond-elle : il n'y a plus ni livres ni cabinet, le diable a tout emporté. — Ce n'est pas le diable, interrompit la nièce, mais un enchanteur qui vint ici pendant votre absence, monté sur un grand dragon. Il entra dans la bibliothèque ; j'ignore ce qu'il y fit. Au bout de quelques instants, il ressortit par le toit, laissant la maison pleine de fumée. Nous courûmes vite pour voir ce qu'il était venu faire, nous ne trouvâmes plus de cabinet. Je me rappelle seulement, et la gouvernante doit s'en souvenir aussi, que ce méchant vieillard nous dit, en s'en allant, qu'il avait voulu se venger du maître de la maison, qu'il haïssait mortellement ; il ajouta qu'il s'appelait Mougnaton. — Ce n'est pas Mougnaton, répondit don Quichotte, c'est Freston. Je le connais bien : c'est mon plus grand ennemi. Sa profonde science lui a fait connaître qu'un chevalier qu'il protège serait un jour vaincu par moi. Depuis ce temps, son dépit le porte à me jouer tous les mauvais tours qu'il peut ; cela ne l'avancera guère, il ne changera pas le destin. — C'est bien sûr, mon oncle, reprit la nièce. Mais pourquoi vous mêler de toutes ces querelles ? Ne seriez-vous pas plus heureux en restant paisible chez vous, plutôt que d'aller par le monde faire souvent triste rencontre ? Vous connaissez le proverbe : Qui va chercher de la laine, revient quelquefois tondu. — Ah ! ah ! ma nièce, répliqua don Quichotte, vous savez de belles sentences. Mais apprenez qu'avant de tondre un homme comme moi il y en aurait beaucoup de pelés. Retenez cela, je vous prie. » Le ton dont il dit ces paroles termina la conversation.

Don Quichotte parut tranquille pendant les quinze jours suivants, et ne laissa point soupçonner qu'il s'occupât d'une nouvelle campagne. Seulement, dans les fréquents entretiens qu'il avait avec le curé et le barbier, il insistait toujours sur l'utilité de la chevalerie errante et sur son projet de la faire revivre. Le curé disputait quelquefois ; le plus souvent il cédait, afin de ne pas se brouiller. Il ignorait que pendant ce temps don Quichotte sollicitait en secret de le suivre, en qualité d'écuyer, un laboureur de ses voisins, homme de bien si le pauvre peut se nommer ainsi, mais dont la tête n'avait pas beaucoup de cervelle. Parmi beaucoup de promesses que notre héros fit à ce bonhomme, il lui répétait toujours que dans ce beau métier d'écuyer errant rien n'était plus ordinaire que de gagner en un tour de main le gouvernement d'une île. Le crédule laboureur, qui s'appelait Sancho Pança, fut surtout séduit par cette espérance, et résolut de quitter et ses enfants et sa femme pour courir après ce gouvernement. Don Quichotte, sûr d'un écuyer, s'occupa de ramasser un peu d'argent, vendit une pièce de terre, engagea l'autre, perdit sur toutes, et parvint à se faire une somme assez raisonnable. Il emprunta d'un de ses amis une rondache meilleure que la sienne, raccommoda de nouveau son casque, se pourvut de chemises, suivant le conseil de l'aubergiste, et convint avec Sancho du jour et de l'heure où ils partiraient. Il lui recommanda surtout de se munir d'un bissac. Sancho promit de ne pas l'oublier, et ajouta que, n'étant pas accoutumé à faire beaucoup de chemin à pied, il avait le dessein d'emmener son âne, qui était une excellente bête. Le nom d'âne fit quelque peine à don Quichotte ; il ne se rappelait point qu'aucun écuyer célèbre eût suivi son maître de cette manière. Mais, faisant réflexion qu'il donnerait à Sancho le cheval du premier chevalier vaincu, il ne vit point d'inconvénient à le laisser venir sur son âne.

Tous leurs arrangements faits, un beau matin, don Quichotte et son écuyer, sans prendre congé de personne, partirent et marchèrent si bien, qu'au point du jour ils ne craignaient plus de pouvoir être rattrapés. Le bon Sancho, sur son âne, entre son bissac et sa grosse gourde, allait comme un patriarche, impatient déjà de voir arriver cette île dont il devait être gouverneur. Don Quichotte, rempli d'espoir, l'air fier et la tête haute, s'avançait sur le maigre Rossinante, dans cette même plaine de Montiel, où les rayons du soleil, l'atteignant seulement de côté, ne l'incommodaient pas autant qu'à sa première sortie.

CHAPITRE VIII

COMMENT DON QUICHOTTE MIT FIN A L'ÉPOUVANTABLE AVENTURE DES MOULINS A VENT.

Dans ce moment, don Quichotte aperçut trente ou quarante moulins à vent, et regardant son écuyer : « Ami, dit-il, la fortune vient au-devant de nos souhaits. Vois-tu là-bas ces géants terribles ? Ils sont plus de trente : n'importe, je vais attaquer ces fiers ennemis de Dieu et des hommes. Leurs dépouilles commenceront à nous enrichir. — Quels géants ? répondit Sancho. — Ceux que tu vois avec ces grands bras qui ont peut-être deux lieues de long. — Mais, monsieur, prenez-y garde ; ce sont des moulins à vent, et ce qui vous semble des bras n'est autre chose que leurs ailes. — Ah ! mon pauvre ami, l'on voit bien que tu n'es pas encore expert en aventures. Ce sont des géants, je m'y connais. Si tu as peur, éloigne-toi ; va quelque part te mettre en prière, tandis que j'entreprendrai cet inégal et dangereux combat. »

En disant ces paroles, il pique des deux, sans écouter le pauvre Sancho, qui se tuait de lui crier que ce n'étaient point des géants, mais des moulins, sans se désabuser davantage à mesure qu'il en approchait. « Attendez-moi, disait-il, attendez-moi, lâches brigands ; un seul chevalier vous attaque. » A l'instant même un peu de vent s'éleva, et les ailes se mirent à tourner. « Oh ! vous avez beau faire, ajouta don Quichotte ; quand vous remueriez plus de bras que le géant Briarée, vous n'en serez pas moins punis. » Il dit, embrasse son écu, et, se recommandant à Dulcinée, tombe, la lance en arrêt, sur l'aile du premier moulin, qui l'enlève, lui et son cheval, et les jette à vingt pas l'un de l'autre. Sancho se pressait d'accourir au plus grand trot de son âne. Il eut de la peine à relever son maître, tant la chute avait été lourde ! « Eh ! Dieu me soit en aide ! dit-il, je vous crie depuis une heure que ce sont des moulins à vent. Il faut en avoir d'autres dans la tête pour ne pas le voir tout de suite. — Paix ! paix ! répondit le héros ; c'est dans le métier de la guerre que l'on se voit le plus dépendant des caprices de la fortune, surtout lorsqu'on a pour ennemi ce redoutable enchanteur, Freston, déjà voleur de ma bibliothèque. Je vois bien ce qu'il vient de faire ; il a changé les géants en moulins pour me dérober la gloire de les vaincre. Patience ! il faudra bien à la fin que mon épée triomphe de sa malice. — Dieu le veuille ! » répondit Sancho en le remettant debout, et courant en faire autant à Rossinante, dont l'épaule était à demi déboîtée.

Notre héros, remonté sur sa bête, suivit le chemin du port Lapice, ne doutant pas qu'un lieu aussi passant ne fût fertile en aventures. Il regrettait beaucoup sa lance, que l'aile du moulin avait brisée. « Mon ami, dit-il à Sancho, je me souviens d'avoir lu qu'un chevalier espagnol, appelé Perez de Vergas, ayant rompu son épée dans une bataille, arracha une branche ou un tronc de chêne, avec lequel il tua tant de Maures, qu'on le surnomma l'*Assommeur*. Je veux imiter Perez de Vergas. Au premier chêne que je rencontrerai, je vais me tailler une massue ; et cette arme me suffira pour faire de tels exploits, que jamais personne ne pourra les croire. — Ainsi soit-il ! répondit Sancho ; mais redressez-vous un peu, car vous allez tout de côté. — Je t'avoue que je me ressens de ma chute, et si je ne me plains pas, c'est qu'il est défendu aux chevaliers errants de se plaindre, quand même ils auraient l'estomac ouvert. — Diable ! si c'est défendu de même aux écuyers, je ne sais trop comment je ferai, car je vous préviens qu'à la moindre égratignure, je crie comme si on m'écorchait. Mais vous ne pensez pas, monsieur, qu'il est temps de dîner. » Don Quichotte lui répondit qu'il n'avait besoin de rien, et qu'il pouvait manger s'il voulait. Avec cette permission, Sancho s'arrangea sur son âne, tira les provisions du bissac, et, trouvant dans ce moment que rien n'était si agréable que de chercher les aventures, sans songer aux promesses de son maître, il allait cheminant derrière lui, doublant les morceaux, et haussant la gourde avec tant d'appétit, avec tant de plaisir, qu'il aurait donné de l'envie au plus gourmet buveur de Malaga.

La nuit vint ; nos aventuriers la passèrent sous des arbres. Don Quichotte choisit une forte branche, à laquelle il mit le fer de sa lance. Il se garda bien de fermer les yeux, et ne pensa qu'à Dulcinée, pour imiter ces chevaliers qui, dans les forêts et les déserts, n'employaient le temps du sommeil qu'à s'occuper de leurs dames. Sancho ne fit qu'un somme jusqu'au matin, et les rayons du soleil levant qui lui donnait sur le visage, non plus que le gazouillement des oiseaux à l'arrivée du jour, ne l'auraient réveillé, si son maître ne l'eût appelé. En ouvrant les yeux, il prit sa bouteille, qu'il s'affligea de trouver plus légère que la veille. Notre héros, qui ne voulait vivre que de ses tendres pensées, refusa de déjeuner. Tous deux se mirent en route, et après trois heures de marche, découvrirent le port Lapice.

« Pour le coup, s'écria don Quichotte, nous pouvons ici, mon frère Sancho, enfoncer nos bras jusqu'aux coudes dans ce qu'on appelle *aventures*. Mais souviens-toi, sur toutes choses, de l'important avis que je vais te donner. Quand bien même tu me verrais dans le danger le plus terrible, garde-toi de mettre l'épée à la main, et de t'y précipiter : il ne t'est permis de combattre que dans le cas où ceux qui m'attaqueraient seraient de la populace. Lorsque ce sont des chevaliers, il t'est défendu par nos lois de t'en mêler en aucune manière. — Soyez tranquille, répondit Sancho, jamais aucun de vos ordres ne sera mieux exécuté que celui-là. Naturellement je suis pacifique, ennemi du bruit, des querelles. Cependant, si l'on en veut à ma personne, je me défendrai de mon mieux, sans me soucier d'aucune loi. — Tu feras bien ; ce que je t'en dis n'est que pour retenir le premier mouvement et l'impétuosité de ta valeur naturelle. — Oh ! monsieur, je la retiendrai. Vous pouvez être bien certain que je garderai ce précepte aussi religieusement que celui de ne rien faire le dimanche. »

Comme il parlait, don Quichotte aperçut deux religieux bénédictins montés sur deux grandes mules, qui lui parurent des dromadaires. Chacun avait son parasol et ses lunettes de voyage. Derrière eux venaient leurs valets à pied ; plus loin, un carrosse entouré de quatre ou cinq hommes à cheval. Dans ce carrosse était une dame de Biscaïe, qui s'en allait à Séville rejoindre son mari prêt à passer aux Indes. Les deux religieux ne voyageaient pas avec cette dame, mais ils suivaient la même route. Dès que don Quichotte les découvrit : « Ou je me trompe, dit-il à son écuyer, ou je t'annonce une aventure telle qu'on n'en a point encore vu. Ces figures noires que tu vois venir à nous ne peuvent être que deux enchanteurs, qui ont sûrement enlevé quelque princesse et l'emmènent dans ce carrosse. Tu sens, mon ami, que je ne puis passer cela. — Monsieur, répondit Sancho, regardez-y bien, je vous prie ; que le diable ne vous tente pas. Ceci serait plus sérieux que l'histoire des moulins à vent. J'ai beau regarder, je ne vois que deux moines et une dame qui voyagent. — Je t'ai déjà dit, reprit don Quichotte, que tu ne t'entends point du tout en aventures ; je vais te prouver tout à l'heure que ce que je soupçonne est vrai. »

A ces mots, il pousse Rossinante, arrive auprès des bénédictins : « Satellites du diable ! leur crie-t-il, rendez sur-le-champ la liberté à ces hautes princesses que vous avez enlevées, ou préparez-vous à recevoir le châtiment de votre audace. » Les moines, surpris, arrêtent leurs mules. « Seigneur chevalier, répond l'un d'eux, bien loin d'être ce que vous dites, nous sommes deux religieux de Saint-Benoît, qui voyagent pour leurs affaires. Vous pouvez compter que nous ignorons si les personnes qui viennent dans ce carrosse sont des princesses enlevées... — On ne m'abuse point, interrompt don Quichotte, avec de douces paroles : je vous connais trop, canaille maudite. » Il court aussitôt, la lance baissée, contre un des pauvres religieux, qui n'eut que le temps de se jeter en bas de sa mule. Son compagnon, effrayé, pique la sienne le mieux qu'il peut et s'échappe dans la campagne. Sancho, voyant le moine par terre, descend promptement de son âne, saisit le bénédictin, et commence à le dépouiller. Mais les deux valets arrivèrent, et demandèrent à Sancho pour quelle raison il déshabillait le Père. « Pardieu ! répondit l'écuyer, je ne prends que ce qui m'appartient. Monseigneur don Quichotte a gagné la bataille, il est clair que les dépouilles des vaincus sont à moi. » Les valets, qui n'entendaient pas bien les lois de la chevalerie, tombent sur Sancho, le jettent par terre, et ne lui laissent pas un poil de la barbe. Ensuite ils vont relever le moine, le remettent sur sa mule, et celui-ci, tremblant de peur, se hâte de rejoindre son compagnon, qui, arrêté au milieu des champs, regardait ce qui se passait. Tous deux alors, sans se soucier d'attendre la fin de cette aventure, poursuivirent bien vite leur route, en faisant des signes de croix.

Don Quichotte, pendant ce temps, s'était pressé de joindre le carrosse, et, s'approchant de la portière : « Madame, dit-il, votre beauté peut aller où bon lui semble, ce bras vient de vous délivrer et de punir vos ennemis. Vous désirez sans doute connaître le nom de votre libérateur : apprenez donc que je suis don Quichotte de la Manche, chevalier errant, et l'esclave de la belle Dulcinée du Toboso. Je ne vous demande, pour prix de ce que je viens de faire, que de vous donner la peine d'aller jusqu'au Toboso, de vous présenter devant cette illustre dame, et de lui dire comment je vous ai rendu la liberté. »

Ce beau discours était écouté par un chevalier biscaïen qui accompagnait le carrosse. Il n'y comprenait pas grand'chose ;

mais voyant que notre héros s'opposait à ce que la voiture continuât sa route, et voulait absolument la faire retourner du côté du Toboso, il s'approcha de don Quichotte, qu'il tira rudement par sa lance, et lui dit en mauvais espagnol de son pays : « Va-t'en, cavélier que mal vas; par le Dieu qui me créé, si toi ne pas laisser le carrosse, moi te tuer, comme suis Biscaïen. — Malheureux ! répond le héros, si tu étais chevalier, j'aurais déjà châtié ton audace. — Moi, non cavélier ! reprit l'autre ; moi Biscaïen, gentilhomme per terre, per mer, per le diable; toi mentir; tire ton épée. »

A ces paroles, don Quichotte jette sa lance, prend son glaive, et, couvert de son écu, se précipite sur son ennemi. Le Biscaïen, qui le vit venir, aurait voulu mettre pied à terre, ne se fiant pas beaucoup à sa mule de louage ; mais il n'en eut pas le temps. Tout ce qu'il put faire fut de mettre l'épée à la main et de saisir promptement un coussin de la voiture pour lui servir de bouclier. Toutes les personnes qui les entouraient voulurent en vain s'opposer au combat. Le Biscaïen, dans son jargon, jurait de tuer quiconque ne le laisserait pas faire ; et la dame du carrosse qui, dans sa frayeur, avait fait signe au cocher de s'éloigner, regardait de loin en tremblant les deux terribles adversaires.

Le Biscaïen, le premier, porte un si furieux revers à l'épaule de son ennemi, que si l'écu ne l'eût paré, notre héros était fendu jusqu'à la ceinture. Don Quichotte jette un cri terrible : « Fleur de beauté, dit-il, Dulcinée, souveraine de mon cœur, secourez votre chevalier dans cet imminent péril. » Prononcer ces mots, lever son épée et fondre sur le Biscaïen, fut aussi prompt que l'éclair. Celui-ci se couvrit du coussin, et ne pouvant faire remuer sa maudite mule, qui n'était pas dressée à ces gentillesses, il attendit de pied ferme l'épouvantable coup qui le menaçait. Tous les spectateurs, immobiles, les yeux attachés sur les glaives, demeurèrent glacés d'effroi, et la dame, au milieu de ses femmes, faisait des vœux à tous les saints d'Espagne pour le salut de son écuyer.

Malgré le coussin qui le défendait, le coup fut si fort, si terrible, que le sang coula dans l'instant par la bouche et par les narines du malheureux Biscaïen. Il était par terre s'il n'eût embrassé le cou de sa mule. La mule, effrayée, se met à courir, saute, rue, et jette son maître. Don Quichotte à pied vole à lui, lève son épée et lui crie de se rendre, ou qu'il va lui couper la tête. Le Biscaïen était si étourdi, qu'il ne pouvait pas répondre. Notre héros, dans sa fureur, ne l'aurait pas épargné ; mais la dame du carrosse, jusqu'alors tremblante, spectatrice du combat, accourut auprès du vainqueur pour lui demander en grâce de ne pas tuer son écuyer. Don Quichotte répondit avec une gravité fière : « Illustre princesse, je consens à ce que vous désirez, et je n'y mets qu'une condition, c'est que ce chevalier ne manquera point d'aller jusqu'au Toboso se présenter de ma part à la belle doña Dulcinée, pour qu'elle ordonne de son sort. » La pauvre dame, sans demander ce que c'était que cette Dulcinée, promit tout au nom du Biscaïen, et don Quichotte, content, laissa la vie au vaincu.

CHAPITRE IX

CONVERSATION INTÉRESSANTE ENTRE DON QUICHOTTE ET SON ÉCUYER.

Sancho, à peine échappé aux valets des bénédictins, était resté témoin du combat, en priant Dieu pour don Quichotte. Le voyant vainqueur et prêt à remonter sur Rossinante, il accourut promptement se mettre à genoux devant lui, prit sa main, la baisa, et d'une voix respectueuse : « Mon bon maître, lui dit-il, si votre seigneurie avait pour agréable de me faire présent de l'île que vous venez de gagner, vous pouvez être certain que je la gouvernerai de manière à vous rendre satisfait. — Mon pauvre ami, répondit don Quichotte, ce ne sont point ici des aventures d'îles, ce sont de simples rencontres, où tous les profits se bornent souvent à revenir avec la tête cassée ou une oreille de moins. Prends patience ; une autre occasion te vaudra le gouvernement de l'île. » Sancho le remercia, lui baisa la main, et, après l'avoir aidé à remonter sur Rossinante, il le suivit au trot de son âne.

Notre héros, à peu de distance, quitta le grand chemin pour entrer dans un bois. « Ecoutez, lui dit l'écuyer, je pense qu'il serait prudent de nous retirer dans quelque église. Vous avez laissé bien malade celui que vous avez combattu ; si la Sainte-Hermandad en a connaissance, elle commencera par nous conduire en prison. Une fois là, Dieu sait quand on en sort. — Eh ! où as-tu vu, reprend don Quichotte, où as-tu jamais lu qu'un chevalier errant ait été mis en justice pour avoir envoyé ses ennemis dans le Tartare ? — Monsieur, je ne connais pas le Tartare, mais je connais la prison, et je sais que la Sainte-Hermandad y envoie ceux qui se battent en duel. — Ne crains rien, ami, si l'Hermandad m'attaquait, c'est moi qui la ferais captive. Mais réponds sans flatterie, as-tu vu sur la terre habitable un chevalier plus vaillant que moi ? As-tu trouvé dans les histoires que tu as lues quelqu'un plus ardent à l'attaque, plus opiniâtre dans la défense, plus adroit en parant les coups, plus vigoureux en les frappant ? — Ma foi, je vous dirai, monsieur que je n'ai pas beaucoup lu d'histoires, parce que je ne sais ni lire ni écrire ; mais je gagerais bien que jamais je n'ai servi un maître aussi hardi que vous. Prions Dieu seulement que cette hardiesse ne nous mène pas où je disais. Pour le présent, votre seigneurie devrait panser son oreille, d'où il sort beaucoup de sang. J'ai dans le bissac un peu de charpie avec de l'onguent blanc, que je vais vous donner. — Ah ! mon ami, si j'avais songé à faire une petite fiole du baume de Fier-à-Bras, nous n'aurions besoin d'aucun remède. — Qu'est-ce que cette drogue-là ? — C'est un baume dont j'ai la recette, avec lequel on se moque des blessures et de la mort. Quand une fois je l'aurai fait, Sancho, et que je t'aurai donné la fiole, si tu me vois, dans un combat, coupé par le milieu du corps, ce qui nous arrive presque tous les jours, tu n'as qu'à ramasser promptement la moitié qui sera par terre, la rapprocher, avant que le sang se fige, de l'autre moitié restée sur la selle, en prenant garde de les bien ajuster ensemble; après cela, tu me feras boire seulement deux doigts de mon baume, et tu me verras frais et sain comme une pomme de reinette. — Si cela est, monsieur, je renonce dès ce moment au gouvernement de l'île, et je ne vous demande pour récompense de mes services que la recette de ce baume-là. Je suis sûr de le vendre trois ou quatre réaux l'once, et cela me suffira pour passer ma vie honorablement. Il s'agit de savoir s'il coûte beaucoup à faire. — Avec moins de trois réaux on a plus de six pintes. — Et mardi! qu'attendez-vous donc? enseignez-moi cette recette. — Va, mon ami, ce secret n'est rien, je t'en apprendrai bien d'autres. A présent, panse mon oreille, je t'avoue qu'elle me fait mal. »

Sancho tira du bissac de l'onguent et de la charpie; mais quand don Quichotte aperçut que son casque était brisé, il fut sur le point d'en perdre l'esprit. « O créateur de toutes choses, s'écria-t-il en tirant son épée et levant les yeux vers le ciel, recevez le serment que je fais de ne manger pain sur nappe, d'observer encore beaucoup d'autres choses dont je ne me souviens point, mais qu'observa le marquis de Mantoue dans une occasion semblable, jusqu'à ce que je me sois vengé de l'insolent qui m'a fait cet affront.

« Mais, ajouta-t-il, laissons cela, et dis-moi si tu n'aurais point quelque chose à me donner à manger, en attendant que nous puissions nous retirer dans un château, pour y passer la nuit et faire mon baume, car pardieu! je souffre beaucoup de mon oreille. — J'ai bien là un peu de pain, avec un oignon et du fromage. Je n'ose guère présenter cela à un chevalier de votre importance. — Tu me connais mal, ami. Si tu avais lu comme moi toutes les histoires de chevalerie, qui ne laissent pas d'être nombreuses, tu saurais que mes braves confrères ne se mettaient jamais à table, si ce n'est dans les banquets des rois. Le reste du temps, ils vivaient de l'air ; et comme ils étaient hommes cependant, et qu'un peu de nourriture leur était nécessaire à la longue, nous pouvons croire que dans les forêts, dans les déserts qu'ils parcouraient, sans y trouver sans doute de cuisiniers, leurs repas étaient quelques mets rustiques, tels que ceux que tu me présentes. Suivons, suivons leur exemple, et ne cherchons pas à rien innover. »

En s'entretenant ainsi, nos deux aventuriers dînaient ensemble. Le désir de trouver un gîte avant la nuit leur fit abréger leur frugal repas ; mais, malgré leur diligence, le soleil déjà couché les força de gagner quelque cabane de chevriers qu'ils découvrirent près de là.

CHAPITRE X

DON QUICHOTTE CHEZ LES CHEVRIERS.

Notre héros fut bien reçu par les habitants des cabanes. Sancho, après avoir accommodé de son mieux Rossinante et son âne, s'en vint à l'odeur de certains morceaux de chevreau qui cuisaient dans une marmite. Il les regardait avec complaisance et attendait impatiemment que les chevriers les eussent retirés du feu pour les placer sur des peaux qu'ils étendirent par terre. Cette rustique table étant dressée, ces bonnes gens, au nombre de six, invitèrent amicalement leurs hôtes à s'asseoir au milieu d'eux. Ils traitèrent notre chevalier avec une politesse plus franche que recherchée et ne trouvèrent rien de mieux, pour lui donner un siège distingué, que de renverser une auge, sur laquelle le héros s'assit. Sancho se tenait debout, prêt à lui servir à boire dans une grande coupe de corne. Don Quichotte le voyant ainsi : « Sancho, dit-il, afin que tu saches combien la chevalerie renferme d'excellentes choses, combien tous ceux qui ont quelque rapport avec elle sont près d'arriver aux honneurs, je veux que tu te places à mes côtés, que tu ne fasses qu'un avec ton maître, que tu manges et boives avec lui. — Monsieur, répondit Sancho, je remercie votre seigneurie ; mais pourvu qu'il ne me manque rien, j'aime mieux manger debout, en tête-à-tête avec moi, qu'assis auprès d'un empereur, et, s'il faut parler franchement, je préférerais encore un morceau de pain avec un oignon, dans un petit coin, libre et seul, à toutes les bonnes dindes rôties de ces grandes tables où il faut prendre garde à mâcher doucement, à ne pas boire à sa soif, à s'essuyer la bouche, à ne point tousser ou éternuer quand il vous en prend fantaisie. — Viens toujours t'asseoir, reprit don Quichotte ; Dieu élève ceux qui s'humilient. » Alors, le prenant par le bras, il le plaça près de lui.

Les chevriers, qui n'entendaient rien à ce discours, les écoutaient en silence, mangeant et regardant leurs hôtes qui soupaient de bon appétit. Après que les viandes furent achevées, on les remplaça par une moitié de fromage, aussi dur que du ciment, et par des glands du pays, qui sont meilleurs que des noisettes. Pendant ce temps, la grande coupe, tantôt pleine, tantôt vide, faisait sans cesse la ronde ; si bien que de deux outres de vin il n'en restait qu'une à la fin du souper.

Un des chevriers lui dit : « Seigneur, comme notre intention est de vous offrir ce que nous avons de mieux, nous vous prions d'entendre chanter un de nos jeunes camarades, qui a fait toutes ses études, a beaucoup d'esprit et joue du violon. Il ne tardera pas à venir. » Le chevrier parlait encore lorsqu'on entendit le son du violon, et l'on vit paraître un berger de bonne mine, de vingt-deux ans à peu près. « Antoine, lui dit le chevrier, je viens de vanter à notre hôte les talents que nous te connaissons, prouve-lui que dans nos montagnes on sait un peu de musique. Assieds-toi donc, et fais-nous le plaisir de chanter cette romance que ton oncle le bénéficier a composée. — Je le veux bien, » répondit Antoine. Aussitôt, assis sur un tronc de chêne, il accorda son violon, et d'une voix agréable se mit à chanter.

Le chevrier finit sa romance, et don Quichotte en demandait une autre ; mais Sancho, qui avait plus d'envie de dormir que d'écouter les chansons, s'y opposa formellement.

« Votre seigneurie, dit-il, ne réfléchit pas que ces bonnes gens ont travaillé toute la journée, et qu'ils ont besoin de repos. — Je t'entends, reprit don Quichotte, tes fréquentes visites à l'outre de vin t'on rendu le sommeil plus nécessaire que la musique. — Ah ! Dieu soit béni ! répondit l'écuyer, chacun de nous a pris sa part. — J'en conviens, ajouta le héros ; mais, va dormir, si tu veux ; ceux de ma profession veillent sans cesse. Viens auparavant panser mon oreille. » Un des chevriers voulut voir la blessure ; il assura don Quichotte qu'avec le remède qu'il allait lui donner il serait promptement guéri. En effet, il courut chercher un peu de romarin, dont il fit, avec du sel, une espèce de cataplasme, qui, appliqué sur le mal, suspendit bientôt la douleur.

CHAPITRE XI

TRISTE RENCONTRE QUE FIT DON QUICHOTTE DE MULETIERS TRÈS IMPOLIS.

Le lendemain matin, ils quittèrent les chevriers, et après une longue chevauchée, ils s'arrêtèrent, pour passer l'heure de la chaleur, dans une belle prairie qu'arrosait un petit ruisseau. Tous deux descendirent de leurs montures, laissèrent Rossinante et l'âne paître en liberté de l'herbe fraîche, fouillèrent dans le bissac, et sans cérémonie mangèrent ensemble ce qu'ils y trouvèrent. Sancho ne s'était pas avisé de mettre des entraves à Rossinante. Mais la fortune avait amené dans ce lieu une troupe de chevaux conduits par des muletiers yangois, qui s'étaient arrêtés dans ces prés, selon leur usage, pour faire la méridienne.

Il arriva, l'on ne sait comment, que Rossinante eut à peine senti les chevaux qu'il lui prit l'étrange fantaisie d'aller auprès d'eux. Aussitôt, sans demander la permission à son maître, il relève sa maigre encolure, prend un petit trot gaillard, et vient tourner, en se donnant des grâces, autour des chevaux et des juments de Galice. Ceux-ci, qui probablement n'étaient pas en train de jouer, le reçurent avec des ruades, brisèrent bientôt son harnais, sa selle, et le laissèrent tout nu. Ce n'eût été rien, si les muletiers n'étaient accourus avec leurs pieux ferrés, et n'en avaient donné tant de coups au pauvre cheval, qu'ils l'étendirent par terre. Déjà le héros et son écuyer accouraient à son secours. « Ami Sancho, disait don Quichotte tout essoufflé, ces marauds-là ne sont pas chevaliers : tu peux m'aider à prendre vengeance de l'affront qu'ils osent faire à Rossinante. — Eh ! quelle diable de vengeance pouvons-nous prendre? répondit Sancho ; ne voyez-vous pas qu'ils sont vingt? et nous ne sommes que deux ; encore ces deux-là peut-être n'en valent-ils qu'un et demi. — J'en vaux cent, » reprit don Quichotte, qui met l'épée à la main, tombe sur les Yangois, et, de son premier revers partageant le gilet de cuir que portait un des muletiers, lui ouvre le haut de l'épaule. Sancho veut alors imiter son maître, et faire voir le jour à sa lance.

Les Yangois, honteux de se voir battus par deux hommes seuls, eurent recours à leurs bâtons ferrés, enveloppèrent nos héros et commencèrent à instrumenter sur eux de toutes leurs forces. Sancho fut le premier à bas ; don Quichotte, malgré son courage, ne tarda pas à le suivre, et vint tomber au pied de Rossinante. Les muletiers eurent peur de les avoir trop corrigés, ils rassemblèrent promptement leurs chevaux et se hâtèrent de partir, en laissant maître, valet, cheval, tous trois étendus sur la terre.

Le premier qui revint à lui fut le triste Sancho Pança, qui, d'une voix faible et dolente, s'écria : « Seigneur don Quichotte, ah! monseigneur don Quichotte!... — Que veux-tu, mon frère Sancho? répondit le chevalier avec un accent non moins lamentable. — Je voudrais, s'il était possible, que vous me donnassiez deux doigts de cet excellent breuvage de Fier-à-Bras. Il est peut-être aussi bon pour les os rompus que pour les blessures. — Vraiment, mon ami, si j'en avais un peu, nous n'aurions pas besoin d'autre chose ; mais je te jure, foi de chevalier, qu'avant deux jours notre provision sera faite, ou je perdrai l'usage de mes mains. — Eh! quand croyez-vous, s'il vous plaît, que nous aurons l'usage de nos pieds ? — Je l'ignore, mon pauvre ami. Je dois avouer, cependant, que tout ceci m'est arrivé par ma faute. Je me suis compromis avec des gens qui n'étaient point armés chevaliers ; il était juste que je fusse puni de cette infraction à nos lois. Dorénavant, mon cher fils, suis bien l'avis que je t'ai donné. Quand tu vois que nous sommes offensés par une canaille semblable, n'attends pas que je mette l'épée à la main ; attaque tout seul ces coquins, et châtie-les à ton aise. Si des chevaliers viennent à leur secours, sois tranquille, je m'en charge alors ; et tu connais assez, j'espère, la force de mon bras terrible. — Monsieur, je vous l'ai dit, je n'aime pas du tout les querelles. Je suis bonhomme, et j'ai une femme et des enfants. Personne ne pardonne aussi vite que moi les injures passées, présentes et futures, qu'elles me viennent de chevaliers ou non-chevaliers, cela m'est égal, je n'ai point de rancune. Ainsi, ne vous attendez point que jamais il me reprenne envie de me servir de cette épée, que j'ai pour la première fois tirée assez mal à propos. — Que dis-tu donc, mon enfant? Si j'avais un peu plus d'haleine, et que la douleur de mes côtes me laissât parler librement, je te ferais comprendre combien tu t'abuses.

« — Tout cela peut être, répliqua Sancho ; mais je vous avoue qu'en ce moment j'ai plus besoin d'emplâtres que de conseils. Voyez si vous pouvez vous lever ; ensuite nous tâcherons de mettre sur ses pieds Rossinante, quoiqu'il ne le mérite guère, après ce qu'il nous a valu. C'est comme vous, monsieur : qui aurait imaginé, après la belle bataille que vous avez gagnée contre le Biscaïen errant, qu'il tomberait sur vos épaules cette grêle de coups de bâton ? — Ah ! j'en mourrais de douleur, mon ami, si je ne savais pas que ces accidents sont attachés à notre profession. — Diable ! vous ne m'aviez pas dit que c'étaient là les revenant-bons du métier. Les reçoit-on souvent, s'il vous plaît ? Je vous préviens que, s'il nous en arrive un second, nous ne serons pas en état de profiter du troisième. — Hélas ! Sancho, la vertu des chevaliers n'est que trop souvent éprouvée ! Mais je peux me consoler, ce me semble, en songeant que tant de héros ont reçu des affronts encore plus cruels que celui-ci ; car enfin, à bien examiner la chose, ce ne sont pas des coups de bâtons que nous avons reçus : c'étaient des coups de pieux ferrés ; ce qui est fort différent. — Ma foi, monsieur, peu m'importe, je n'ai pas eu le temps d'y prendre garde. A peine avais-je tiré ma diable d'épée que je me suis senti par terre, dans l'endroit où je suis encore. — Allons, mon fils, relevons-nous, et allons secourir ce pauvre Rossinante, qui n'a pas eu la moindre part de notre disgrâce. — Pardi ! c'était juste ; n'est-il pas aussi chevalier errant ? Ce qui me fait plaisir, c'est que mon âne s'en est tiré sans qu'il lui en coûte un seul poil. — La fortune, comme tu vois, laisse toujours une ressource dans les malheurs. Au défaut de Rossinante, ton âne pourra me porter dans quelque château où l'on pansera mes blessures, et je ne tiendrai point à déshonneur cette monture. Lève-toi donc, amène ton âne, et sortons de ces déserts avant la nuit. »

Le pauvre écuyer fit alors un effort pour quitter la terre, et, poussant plus de cent soupirs, autant de *ouf*, autant de *aïe*, entremêlés de malédictions contre celui qui l'avait mené là, il parvint à se mettre sur ses pieds, restant à moitié chemin, courbé comme un arc de Turquie. Dans cette position, il marcha vers son âne, qui, seul heureux de l'aventure, s'en donnait à plaisir dans le pré. De là, le triste Sancho s'en revint à Rossinante, à qui la parole seule manquait pour se plaindre autant que son maître. L'écuyer parvint à le relever ; ensuite, il plaça don Quichotte sur l'âne, attacha Rossinante à la queue, et, prenant à sa main le licou, s'achemina vers la grande route. Au bout d'une petite lieue, ils découvrirent une hôtellerie, que notre héros, selon la coutume, ne manqua pas de prendre pour un château. L'écuyer avait beau répéter que ce n'était qu'une auberge, le maître soutenait son dire : et la dispute durait encore lorsque Sancho entra sous la porte avec son petit convoi.

CHAPITRE XII

AVENTURES DE L'HÔTELLERIE.

L'aubergiste, en voyant cet homme placé de travers sur un âne, se pressa de demander à Sancho quel mal il avait. L'écuyer lui répondit que ce n'était rien, qu'il était seulement tombé du haut d'une montagne en bas, et que ses côtes en étaient un peu froissées. La femme de l'aubergiste, par un hasard assez rare, était bonne, charitable, et prompte à s'intéresser aux maux d'autrui. Elle accourut pour soigner don Quichotte avec sa fille. Il y avait encore dans l'hôtellerie une jeune servante asturienne, dont la figure était remarquable. Son visage, plus large que long, tenait à une tête aplatie; son nez était camard, un de ses yeux louche, et l'autre malade. Elle réparait à la vérité ces petites imperfections par les agréments de sa taille, qui n'avait guère moins de trois pieds de haut; et ses épaules, s'élevant en voûte au-dessus du cou, la forçaient de regarder à terre. Cette aimable personne aida la fille de l'hôtesse à dresser pour don Quichotte, dans une espèce de grenier où l'on mettait de la paille, un lit formé de quatre planches non rabotées, posées sur deux bancs inégaux, d'un matelas plus dur que les planches mêmes, de deux draps de toile de navire, et d'une couverture dont on pouvait compter les fils. Ce fut dans ce mauvais lit que se coucha don Quichotte; aussitôt l'hôtesse et sa fille, éclairées par Maritorne (c'était le nom de l'Asturienne), vinrent lui mettre des emplâtres depuis la tête jusqu'aux pieds.

En voyant les contusions dont notre héros était couvert, l'hôtesse dit à Sancho que cela ressemblait plus à des coups qu'à une chute. « Ce ne sont pourtant point des coups, répondit le discret écuyer, mais c'est que la montagne avait beaucoup de rochers, dont chaque pointe a fait sa meurtrissure. Je vous serai obligé, madame, ajouta-t-il à voix basse, de vous arranger de manière qu'il vous reste quelques emplâtres; il me semble que les reins me font mal. — Vous êtes donc tombé aussi? reprit l'hôtesse. — Non, je ne suis pas tombé, mais quand j'ai vu la chute de mon maître, j'ai senti une si grande émotion, que tout mon corps en est resté brisé, comme si l'on m'eût donné cent coups de bâton. — Je n'en suis pas étonnée, répondit la fille de l'hôtesse; j'ai souvent rêvé que je me jetais du haut d'un clocher en bas, et en m'éveillant je me trouvais aussi rompue que si le songe eût été véritable. — Voilà ce que c'est, répondit Sancho; la seule différence qu'il y ait, c'est que je ne rêvais pas, que j'étais encore mieux éveillé que je ne suis, et que cependant mes épaules ne sont guère en meilleur état que celles de mon maître. — Comment s'appelle votre maître? interrompit Maritorne. — Don Quichotte de la Manche, chevalier errant, des meilleurs et des plus braves qu'on ait vus. — Qu'est-ce que c'est, reprit l'Asturienne, qu'un chevalier errant? — Pardi! ma pauvre sœur, vous êtes donc bien neuve, si vous ignorez encore cela. Un chevalier errant est une chose toujours à même d'être empereur ou roué de coups; aujourd'hui manquant de tout, demain pouvant disposer de trois ou quatre royaumes qu'il donne à son écuyer. — Comment se fait-il, dit l'hôtesse, qu'appartenant à un si grand seigneur, vous n'avez pas déjà quelque bon comté? — Patience, madame! depuis un mois tout au plus, nous cherchons les aventures, et nous n'avons pas rencontré de celles-là ; mais si monseigneur don Quichotte guérit de ces blessures-ci, ou, pour mieux dire, de cette chute, je vous réponds que je ne troquerais pas mes espérances pour le meilleur duché d'Espagne. »

Don Quichotte, qui jusqu'alors avait écouté cette conversation, fit un effort pour se relever sur son lit, et prenant la main de l'hôtesse : « Belle châtelaine, dit-il, ne regardez pas comme un hasard peu important celui qui m'amène chez vous. La modestie me défend de vous instruire de ce que je suis; c'est à mon écuyer de le faire. Je me borne à vous remercier de vos soins ; ils ne sortiront jamais de ma mémoire reconnaissante. » Pendant ce temps, l'Asturienne pansait Sancho, qui n'en avait pas moins besoin que son maître.

Leurs douleurs se calmèrent ; mais vers le milieu de la nuit, Sancho se plaignant amèrement, don Quichotte lui dit : « Le meilleur parti qui nous reste à prendre, c'est de te lever si tu le peux, et d'aller demander à l'alcade de cette forteresse qu'il te donne un peu d'huile, du sel, du vin et du romarin. Je ferai sur-le-champ ce merveilleux baume dont nous avons un si grand besoin.

Sancho se leva malgré ses douleurs, et s'en alla à tâtons chercher l'aubergiste, qui donna de bon cœur ce que demandait l'écuyer. Sancho se hâta de le porter à son maître. Celui-ci mêla le tout ensemble, ordonna qu'on le fît bouillir, et, à défaut d'une fiole qu'on ne put trouver dans l'auberge, l'hôte fit présent volontiers d'une burette de fer-blanc, dans laquelle il mettait son huile. Don Quichotte y transvasa la potion, et dit ensuite sur la burette une centaine de *Pater*, d'*Ave Maria*, de *Credo*, accompagnant chaque prière de signes de croix et de bénédictions. Quand cela fut fait, impatient d'éprouver la vertu du baume, il avala sans s'arrêter tout ce qui n'avait pu entrer dans la burette, c'est-à-dire une demi-pinte. L'effet fut prompt et semblable à celui d'un fort émétique. Une abondante sueur en fut la suite, et un sommeil de trois bonnes heures répara si bien les forces du chevalier, que, se réveillant presque guéri de ses maux, il ne doula point que son baume n'eût opéré ce miracle, et que désormais, avec sa burette, il ne pût affronter tous les périls.

Sancho, émerveillé de la cure, se mit aussitôt à prier son maître de lui donner un peu de ce baume qui guérissait en si peu de temps. Don Quichotte y consentit, et l'écuyer, tenant la burette à deux mains, se dépêcha d'en avaler presque autant qu'en avait bu notre héros. Mais la dose, apparemment, était trop faible pour Sancho. Le malheureux sentit seulement une si violente colique, de si douloureuses tranchées, qu'il se crut à sa dernière heure. Il poussait des cris, se roulait par terre, en jurant et contre le baume et contre le traître qui le lui avait donné. « Mon cher ami, disait don Quichotte, je crois que tout ceci vient de ce que tu n'es pas armé chevalier. Ce n'est que pour eux vraisemblablement que ce breuvage est salutaire. — Eh! que ne le disiez-vous donc! s'écriait Sancho presque à l'agonie; il est bien temps de m'en avertir! »

Enfin ses douleurs se calmèrent; et, sans être aussi bien guéri que son maître, Sancho se vit délivré de ses mortelles angoisses. Don Quichotte, d'autant plus pressé de retourner chercher les aventures, qu'il ne redoutait plus rien, muni du baume de Fier-à-Bras, alla lui-même seller Rossinante, mit le bât sur l'âne, et vint aider à monter dessus son convalescent écuyer. Bientôt à cheval, il appelle l'hôte, qui, entouré de sa famille et d'une vingtaine de personnes, l'examinait avec autant de surprise que d'attention : « Seigneur alcade, lui dit-il avec beaucoup de gravité, recevez mes remerciements pour la courtoisie avec laquelle vous m'avez reçu dans votre château; rien ne peut me faire oublier l'extrême bonté qu'on m'a témoignée. » « Seigneur alcade, reprend-il, pour vous en marquer ma reconnaissance, je vous demande de me dire si vous avez reçu quelque outrage, si quelqu'un vous a fait quelque tort. Mon noble métier est de les venger. Ainsi, voyez, cherchez dans votre mémoire si vous n'avez pas à vous plaindre de quelque offense, de quelque injure, et soyez certain qu'avant peu je vous en ferai rendre raison. »

« Monsieur le chevalier, répondit l'hôte, je n'ai point du tout besoin que votre seigneurie me venge d'aucune offense, mais j'ai besoin que vous me payiez la dépense que vous avez faite cette nuit dans mon auberge, ainsi que la paille et l'orge que vos bêtes ont mangées. — Comment! reprit don Quichotte, est ce que ceci est une auberge? — Très achalandée, heureusement. — Cela est singulier; j'avais toujours cru que c'était un fort beau château; mais, au surplus, peu importe. Quant au paiement que vous demandez, vous trouverez bon sûrement que je ne contrevienne pas aux règles de la chevalerie errante, dont la première est de ne jamais payer dans les auberges, attendu qu'on est obligé de recevoir et d'héberger les chevaliers, en récompense des peines innombrables qu'ils se donnent le jour, la nuit, l'hiver, l'été, par la chaleur, par la neige, pour le service du public. — Je m'embarrasse peu de tout cela, monsieur; payez-moi ce que vous me devez, et laissez là tous vos contes de chevalerie, qui ne font point du tout mon compte. — Vous êtes un sot, mon ami, et ne savez pas remplir les beaux devoirs de l'hospitalité. » En prononçant ces derniers mots, don Quichotte pique des deux, et sort de l'hôtellerie, sans que personne l'arrête, et sans songer à regarder si son écuyer le suivait.

L'aubergiste, le voyant parti, courut aussitôt à Sancho en renouvelant sa demande; mais l'écuyer répondit qu'en qualité d'écuyer errant, la même loi qui défendait à son maître de payer dans les auberges, le lui défendait aussi. L'hôte eut beau crier, menacer, l'obstiné Sancho répétait toujours que, dût-il lui en coûter la vie, il ne donnerait pas un sou, de peur que les écuyers futurs ne lui reprochassent un jour d'avoir laissé perdre un droit si précieux. Malheureusement, il y avait alors dans l'hôtellerie cinq ou six jeunes garçons de Ségovie et de Séville, aimant à rire et à se réjouir, surtout aux dépens d'autrui. D'un commun accord, ils approchent de Sancho, le descendent de dessus son âne, envoient chercher une couverture, dont chacun saisit un des quatre coins, placent au milieu le pauvre écuyer, et se divertissent à le faire voler à quinze ou vingt pieds de terre, le recevant et le renvoyant à peu près comme un gros ballon. Les cris du malheureux berné arrivèrent jusqu'à son maître, qui, revenant sur ses pas, fit prendre à Rossinante un pénible galop jusqu'à la porte de l'hôtellerie. L'hôte n'avait pas manqué de la fermer en dedans. Don Quichotte, en faisant le tour des murs pour chercher une autre entrée, aperçut son triste écuyer allant et venant dans les airs avec tant de grâce et tant de prestesse, que, sans la colère qui le suffoquait, il n'aurait pu s'empêcher d'en rire. Il essaya plusieurs fois de monter de son cheval sur la muraille, mais ses contusions lui en ôtaient la force. Obligé de demeurer paisible spectateur de la scène, il s'en dédommagea par les reproches, les injures épouvantables qu'il adressait de loin aux berneurs. Ceux-ci ne s'en embarrassaient guère, et n'en continuaient pas moins à faire sauter le malheureux, jusqu'à ce que, fatigués eux-mêmes d'un jeu qui leur plaisait si fort, ils le remirent sur son âne. Maritorne, émue de compassion, courut au puits remplir un pot d'eau fraîche, qu'elle revint lui présenter. Sancho le portait à sa bouche lorsque don Quichotte lui cria de loin : « Prends garde, mon fils, prends garde ! ne bois point cette eau perfide qui te donnerait la mort. Songe que j'ai ici le divin baume, dont une seule goutte te guérira. » En disant ces paroles, il montrait la burette. Sancho, le regardant en dessous et de travers, lui répondit : « Avez-vous oublié que je ne suis pas chevalier? Gardez votre chien de breuvage, et me laissez en repos. » Il but alors ce que lui offrait la charitable Maritorne; mais, s'apercevant que c'était de l'eau, il fit la grimace, et pria l'Asturienne de lui donner un peu de vin, ce qu'elle fit volontiers, même en le payant sur ses gages; car dans le fond elle était bonne, et ne pouvait rien refuser de tout ce qu'on lui demandait. L'aubergiste ouvrit les deux battants à Sancho, qui donna des talons à son âne, et sortit fort satisfait au fond du cœur de n'avoir pas payé un sou. Il est vrai que le trouble où il était l'empêcha de s'apercevoir qu'il oubliait son bissac. L'hôte, quand il fut dehors, voulait refermer la porte; mais il en fut empêché par les jeunes berneurs, qui n'auraient pas craint don Quichotte, quand bien même il eût été chevalier de la Table ronde.

CHAPITRE XIII

ENTRETIEN DE NOS DEUX HÉROS, AVEC D'AUTRES AVENTURES IMPORTANTES.

Sancho rejoignit son maître, si faible, si abattu, qu'il pouvait à peine faire aller son âne. « Ami, lui dit don Quichotte, c'est à présent que je suis certain que ce château, ou cette auberge, est assurément enchanté. Ceux qui se sont joués de toi d'une manière si atroce ne peuvent être que des fantômes, car lorsque j'ai voulu franchir la muraille pour te secourir, il ne m'a jamais été possible de remuer de mon cheval. Sans cela, je te réponds bien que j'aurais vengé ton injure d'une épouvantable manière. — Mort de ma vie! reprit l'écuyer, si vous aviez vu ces gens-là d'aussi près que moi, vous ne les prendriez pas pour des fantômes : ils ne sont que trop en chair et en os. Allez, personne ne sait aussi bien que moi qu'il n'y a point d'enchantement dans tout cela, et je vois clair comme le jour que si nous continuons à chercher les aventures, nous en trouverons de si bonnes, que notre peau y restera. Le meilleur serait de nous en retourner dans notre village, à présent que voici la moisson, d'y faire valoir notre bien, sans aller, comme nous allons, en tombant toujours de fièvre en chaud mal. — Mon pauvre Sancho, je te le répète, tu n'entends rien à la chevalerie. Qu'est-ce que toutes ces misères-là, auprès de la gloire qui nous attend?

Ils en étaient là de leur entretien, lorsque don Quichotte aperçut de loin un grand nuage de poussière. « Sancho, dit-il, enfin le voici ce jour que la fortune me réservait, ce beau jour où mon courage va m'acquérir une immortelle gloire ! Vois-tu là-bas ce tourbillon ? C'est une innombrable armée, composée de toutes les nations du monde. — A ce compte-là, répondit Sancho, il doit y en avoir deux ; car de cet autre côté voilà le même tourbillon. » Don Quichotte, se retournant, vit que Sancho disait vrai, et ne douta plus que ce ne fussent deux grandes armées qui marchaient l'une contre l'autre. C'étaient deux troupeaux de moutons qui venaient par deux chemins opposés, et qui élevaient autour d'eux une poussière si épaisse, qu'il était impossible de les reconnaître, à moins que d'en être tout près.

Don Quichotte, transporté de joie, répétait avec tant d'assurance que c'étaient deux armées, que Sancho finit par le croire, et lui dit : « Eh bien, monsieur, qu'avons-nous à faire là ? — Ce que nous avons à faire, reprit le chevalier déjà hors de lui : prendre le parti le plus juste ; et je vais en peu de mots t'expliquer ce dont il s'agit.

« Ceux qui viennent ici vis-à-vis de nous suivent les enseignes de l'empereur Alifanfaron, souverain de la grande île de Taprobane. Les autres qui s'avancent par là sont les guerriers de son ennemi, le puissant roi des Garamantes, Pentapolin au bras retroussé, ainsi nommé parce que dans les batailles on le voit toujours le bras nu. — Oui, dit Sancho ; mais pourquoi ces messieurs s'en veulent-ils ? — Par la raison, reprit don Quichotte, que cet Alifanfaron, qui est un damné de païen, veut épouser la fille de Pentapolin, qui est jeune, belle et chrétienne. Tu sens bien que Pentapolin ne veut pas donner sa fille à un roi mahométan, et qu'il exige qu'Alifanfaron commence par se faire baptiser. — Par ma barbe ! il a raison, Pentapolin ; et je l'aiderai tant que je pourrai. — Tu feras ton devoir, Sancho : je te préviens que pour combattre en bataille rangée il n'est point du tout nécessaire d'avoir été armé chevalier. — C'est bon, je suis pour Pentapolin. Tout ce qui m'inquiète, c'est mon âne. Je ne peux guère aller me fourrer avec lui parmi tant de cavalerie, et je voudrais le mettre dans un endroit où je sois sûr de le retrouver quand la chose sera finie. — Ne t'en embarrasse point, mon ami ; qu'il se perde ou non, peu importe : nous aurons après la victoire tant de chevaux à choisir que Rossinante lui-même court de grands risques d'être échangé. Mais je veux te faire connaître les principaux chevaliers qui font la force de ces deux armées. Viens les voir avec moi sur cette colline. »

Tous deux gagnèrent alors une petite hauteur, d'où ils auraient fort bien distingué les troupeaux, sans la poussière qui les leur dérobait. Là, don Quichotte, voyant ce que lui peignait son imagination, commença un beau discours en indiquant avec la main tous les objets qu'il montrait à Sancho.

Le pauvre Sancho, pendu pour ainsi dire à chacune de ses paroles, écoutait avec une grande attention, et tournait, retournait la tête rapidement de tous côtés, espérant toujours qu'à la fin il découvrirait quelque chose de tout ce que lui montrait son maître. Désespéré de ne rien voir : « Monsieur, lui dit-il, je me donne au diable si de tant de chevaliers, géants, chevaux, peuples, bataillons que nomme votre seigneurie, j'en aperçois seulement un seul. Il faut qu'il y ait encore là de l'enchantement. — Eh quoi ! reprit don Quichotte, tu n'entends pas les hennissements des coursiers, le bruit des tambours, le son des trompettes ? — Je n'entends rien du tout, monsieur, si ce n'est quelques bêlements de moutons. (En effet, les deux troupeaux approchaient.) — La peur te trouble les sens. Retire-toi, si tu crains ; seul je suffis pour porter la victoire dans le parti que je vais choisir. »

A ces mots, il pique Rossinante, et, la lance en arrêt, descend la hauteur de toute la vitesse de son coursier. Sancho, qui dans ce moment aperçut les troupeaux, se mit à crier de toutes ses forces : « Revenez, seigneur don Quichotte ; oh ! revenez, jarnidieu ! ce sont des moutons que vous attaquez. Il n'y a point là de géant, ni de chevalier, ni d'écu d'asperges, ni chat, ni diable ; revenez donc... Que va-t-il faire ? Malheureux que je suis !... »

Combat contre des troupeaux de moutons. — Sancho panse Don Quichotte.

Notre héros, sans l'écouter, galopait toujours en criant : « Courage, braves chevaliers qui combattez sous les étendards du valeureux Pentapolin. Suivez-moi tous, je vais le venger d'Alifanfaron de la Taprobane. » En disant ces paroles, il entre au milieu du troupeau de moutons, qu'il commence à percer de part en part avec une fureur extrême. Les bergers accourent en jetant des cris ; mais, voyant que rien ne l'arrêtait, ils chargent leurs frondes de pierres et les font siffler autour de sa tête. Notre héros n'y prenait pas garde, et continuait le carnage, en disant toujours : « Où es-tu, superbe Alifanfaron ? ose paraître devant moi ; un seul chevalier te défie. » A l'instant même, une pierre un peu plus grosse que le poing l'atteignit au milieu des côtes. Don Quichotte, se sentant blessé, tire la burette du baume ; mais comme il la portait à sa bouche, une seconde pierre frappe sa burette, la brise, l'enlève, et, chemin faisant, déchire la joue du héros. La douleur du coup le fit tomber de cheval. Les bergers craignirent de l'avoir tué ; ils se pressent de ramasser leurs morts, qui montaient à six ou sept moutons, et poursuivent leur route le plus vite qu'ils peuvent.

Sancho, toujours sur la hauteur, regardait les œuvres de son maître, et s'arrachait la barbe de dépit d'avoir pu suivre un fou pareil. Quand il le vit par terre, et les bergers loin, il descendit, vint le relever, en lui disant : « Ne vous avais-je pas averti, monsieur, que ces deux armées étaient des moutons ? — Est-ce ma faute, répond don Quichotte, si le maudit enchanteur qui me persécute, pour me dérober la gloire de les vaincre, a changé tous ces soldats en moutons ? Fais-moi un plaisir, mon ami Sancho : monte sur ton âne, et suis-les ; tu verras qu'à quelques pas d'ici ils vont tous reprendre leur première forme. — Il est plus pressé, répliqua Sancho, de songer à vous panser, car votre bouche est pleine de sang. » En prononçant ces mots, il cherchait le bissac ; et lorsqu'il s'aperçut qu'il l'avait oublié dans cette fatale hôtellerie, le malheureux écuyer fut sur le point de perdre l'esprit. Il maudit de nouveau son maître, sa sottise de l'avoir suivi, et résolut décidément de retourner à son village, et de renoncer à cette île qu'on lui faisait acheter si cher. Don Quichotte vint le consoler : « Ami, dit-il, de la constance ! Tant d'infortunes nous annoncent que l'instant du bonheur est proche. Le mal a son terme comme le bien. Tout ce qui est extrême ne peut durer. Nous voilà sans bissac, sans pain, sans ressource ; eh bien, fions-nous à la Providence. Elle prend soin du moucheron qui vole dans l'air, du ver qui rampe sur la terre, de la grenouille à peine née qui va se cacher sous les eaux. Pourquoi, nous, dont le cœur est pur, serions-nous seuls abandonnés par le souverain du monde, qui fait luire le soleil sur les bons, sur les méchants, et qui répand la rosée pour le juste comme pour l'injuste ?

« — Par ma foi ! dit Sancho, tout ému, vous feriez encore mieux le métier de prédicateur que celui de chevalier errant. Vous savez tout, en vérité ! »

Ils se mirent alors en chemin, et le bon Sancho, voyant son maître fort triste, s'efforça de le distraire, en lui disant ce qu'on verra dans le chapitre suivant.

CHAPITRE XIV

ÉTRANGE RENCONTRE QUE FIT DON QUICHOTTE.

« Je pense, monsieur, dit Sancho, que cette suite de malheurs que nous venons d'éprouver est la punition d'un péché que vous avez commis contre la chevalerie. Vous aviez juré de ne point manger de pain sur la table avant d'avoir conquis l'armée de Malandrin ou de Mambrin, je ne sais pas bien le nom de ce Maure ; et vous n'avez pas tenu ce serment. — Tu as grand'-raison, répondit don Quichotte ; je l'avais oublié tout à fait, et tu peux être certain que c'est pour ne me l'avoir pas rappelé que l'on t'a berné dans l'hôtellerie. Mais avant peu, mon ami, je réparerai ma faute. — Je vous en serai fort obligé pour mon compte, puisque les fantômes s'en prennent à moi, qui n'ai pourtant rien juré. »

En causant ainsi de choses et d'autres, la nuit les surprit au milieu du grand chemin. La faim les pressait ; ils n'avaient point de bissac, ne découvraient point de maison, et les ténèbres devenaient à chaque instant plus épaisses. Ils marchaient toujours, espérant que la grande route les conduirait à quelque village, lorsqu'ils virent venir à eux une grande quantité de lumières, qui ressemblaient d'abord à des feux follets. Sancho pensa s'évanouir de peur ; don Quichotte lui-même fut troublé. L'un tira fortement le licou de son âne, l'autre retint les rênes de son cheval. Ils regardaient attentivement et cherchaient à deviner ce que cela pouvait être ; mais les lumières, en approchant, devenaient plus grandes, plus vives, et leur nombre semblait s'augmenter. Sancho se mit à trembler de tous ses membres. Les cheveux de don Quichotte se dressèrent sur sa tête. Cependant il se ranime : « Ami, dit-il, voici sans doute une épouvantable aventure, pour laquelle j'aurai besoin de ma valeur tout entière.

« — C'est fait de moi, répondit Sancho, si c'est encore une aventure de fantômes, comme elle en a toute la mine. Eh ! mon bon Dieu ! où seront les côtes qui pourront y suffire ? — Rassure-toi, mon fils, ne crains rien ; je ne souffrirai pas qu'il t'en coûte un seul cheveu. Tu n'es point ici renfermé dans une cour dont je ne puisse franchir les murailles ; nous sommes en rase campagne, mon épée va jouer à l'aise. — Eh ! si l'on vous enchante encore, comme la dernière fois, à quoi servira la rase campagne ? — Du courage ! te dis-je, du courage ! Tu vas voir si ton maître en manque. — Ah ! monsieur, je ne demande pas mieux que vous en ayez. »

A ces mots, ils se détournent un peu du chemin pour examiner de nouveau ce que pouvaient être ces lumières. Ils distinguèrent bientôt de grandes figures blanches, dont la seule vue fit claquer les dents de Sancho, comme s'il avait eu le frisson de la fièvre. Ces figures blanches, au nombre de vingt à peu près, étaient toutes à cheval, portant des torches à la main, et marmottaient certaines paroles d'une voix basse et sépulcrale. Derrière eux venait une litière noire, suivie de six cavaliers couverts de crêpes depuis leurs chapeaux jusqu'aux pieds de leurs mules. Ce spectacle extraordinaire, au milieu de la nuit, dans un lieu désert, était capable d'effrayer un homme plus hardi que Sancho. Aussi ne respirait-il plus. Son maître lui-même n'était pas trop rassuré ; mais ses livres vinrent à son secours. Il s'imagina que cette litière renfermait quelque chevalier blessé ou tué en trahison, dont il devait venger la mort. Sans autre réflexion il met sa lance en arrêt, va se planter au milieu du chemin, vis-à-vis des figures blanches, et leur crie d'une voix terrible :

« Arrêtez, qui que vous soyez, et dites-moi qui vous êtes, où vous allez, d'où vous venez, qui vous conduisez dans cette litière. Je soupçonne que vous êtes coupables ou victimes de quelque crime ; je dois le savoir, afin de vous venger ou de vous punir. » Un des hommes blancs répondit : « Nous sommes pressés, et l'auberge est loin ; nous n'avons pas le temps de satisfaire votre extrême curiosité. — Ayez le temps d'être plus poli, reprit don Quichotte en colère, ou préparez-vous au combat. »

En prononçant ces paroles, il saisit fortement par la bride la mule de l'homme blanc. La mule était ombrageuse ; elle se cabre et se renverse sur son maître. Don Quichotte, sans y prendre garde, se précipite sur un des cavaliers vêtus de deuil, qu'il jette par terre d'un coup de lance. De là il court à un autre ; et la prestesse, la vigueur avec laquelle il les attaquait, avait passé jusqu'à Rossinante, qui, dans ce moment, semblait avoir des ailes. Tous ces pauvres gens, sans armes, peu exercés à se battre, ne tardent pas à prendre la fuite, et se dispersent dans la campagne, où, courant avec leurs flambeaux, ils ressemblaient à une troupe de masques qui enterrent le carnaval. Les cavaliers en deuil, embarrassés de leurs manteaux, de leurs crêpes, pouvaient à peine se remuer, et ne se défendaient point contre don Quichotte, qu'ils prenaient pour le grand diable d'enfer. Notre héros les abattait à son aise ; et Sancho, en le regardant, disait en lui-même : Il faut pourtant bien que mon maître soit aussi redoutable qu'il le prétend.

Le premier homme tombé était encore sous la mule, et son flambeau par terre brûlait près de lui. Don Quichotte, vainqueur, vint lui mettre sa lance au visage, en lui criant de se rendre. « Hélas ! répondit le malheureux, je suis déjà tout rendu, puisque je ne puis bouger, et je crains d'avoir la jambe cassée. Ne me tuez pas si vous êtes chrétien : vous commettriez un grand sacrilège, attendu que je suis tonsuré. — Tonsuré ! reprit notre chevalier : puisque vous êtes homme d'Eglise, que venez-vous faire ici ? — Pas grand'chose de bon, grâce à vous ! Je m'appelle Alonzo Lopès, et j'accompagnais avec onze ecclésiastiques mes confrères, que vous venez de mettre en fuite, le corps d'un vieux gentilhomme mort à Baeça, qui a demandé d'être enterré à Ségovie, sa patrie. — C'est fort bien. Mais qui a tué ce gentilhomme ? — Qui l'a tué ? — Oui, sans doute ; c'est là ce qu'il m'importe de savoir. — Ma foi ! c'est Dieu qui l'a tué, avec une fièvre maligne. — Cela étant, je ne suis donc pas obligé de venger sa mort ? — Je ne le pense pas, monsieur. — C'est qu'il est bon que vous sachiez que je m'appelle don Quichotte de la Manche, que je suis chevalier errant, et que mon devoir est d'aller par le monde, réparant les injustices et redressant les torts. — Je voudrais bien, monsieur le chevalier, que vous puissiez redresser ma jambe. — C'est un malheur, monsieur le tonsuré Alonzo Lopès. Mais aussi pourquoi vous en allez-vous, la nuit, couverts de crêpes, de surplis, avec des flambeaux, dans un équipage de l'autre monde, qui devait avec raison me faire croire que vous étiez des suppôts de Satan ? — Oh ! je sens bien que c'est ma faute. Mais aidez-moi, par charité, à me relever de dessous cette mule, qui tient ma jambe froissée entre la selle et l'étrier. »

Aussitôt don Quichotte appelle Sancho. Sancho ne se pressait pas d'arriver, parce qu'il était occupé à débarrasser un mulet chargé de vivres, que ces messieurs menaient avec eux. Le prévoyant écuyer était parvenu à faire de sa capote une espèce de bissac, qu'il farcit des meilleures provisions ; ensuite il attacha la capote sur son âne ; et quand tout cela fut fait, il arriva près de son maître pour l'aider à relever le malheureux tonsuré. Ils parvinrent, non sans peine, à le remettre sur sa mule, lui rendirent son flambeau, et don Quichotte lui conseilla de rejoindre ses compagnons, en l'assurant de nouveau qu'il n'avait pu s'empêcher de faire ce qu'il avait fait. Sancho le retint pour lui dire encore : « Si par hasard vos messieurs sont curieux de savoir quelle est la personne qui les a si bien étrillés, vous pouvez leur apprendre que c'est le fameux don Quichotte, autrement dit le *chevalier de la Triste Figure.* » Le pauvre tonsuré partit. Notre héros pria Sancho de lui expliquer pourquoi il lui avait donné ce surnom. « Ma foi ! répondit l'écuyer, c'est qu'en vous considérant à la lueur de cette torche, soit à cause de la fatigue que vous avez éprouvée, soit à cause du coup de pierre que vous avez reçu, je vous ai trouvé la plus triste figure que l'on puisse voir au monde. — Ce n'est pas cela, mon ami ; c'est que le sage qui doit écrire l'histoire de mes exploits a sans doute jugé nécessaire que j'aie aussi un surnom, comme les chevaliers du temps passé, dont l'un s'appelait le chevalier de la Licorne, du Phénix, du Griffon, de la Mort. C'était sous ce nom et par cet emblème qu'ils étaient connus dans l'univers. Je regarde comme une inspiration l'idée qui t'est venue ; je prétends m'appeler ainsi désormais ; et je veux faire peindre sur mon bouclier une figure étrange et fort triste. — Vous pouvez, monsieur, économiser l'argent qu'il vous en coûterait pour cela. Je vous réponds, soit dit sans vous offenser, qu'il suffit que vous vous montriez pour que tout le monde dise : Voilà le chevalier de la Triste Figure. » Don Quichotte ne se fâcha point de la liberté de son écuyer ; mais il n'en résolut pas moins d'adopter ce beau surnom.

Avant de quitter ce lieu, notre héros eut la fantaisie de retourner sur ses pas, et de visiter le cercueil qui était dans la litière.

pour s'assurer si le gentilhomme était bien mort. « Monsieur, lui dit Sancho, voici la première aventure dont nous nous tirons bien portants ; n'allons pas gâter nos affaires. Ces gens-là n'ont qu'à s'apercevoir que c'est un seul homme qui les a battus, ils voudront prendre leur revanche ; et vous savez, comme moi, tout ce qui peut en arriver. Croyez-moi, gagnons la montagne ; nous avons faim, j'ai de quoi manger ; laissons aller, comme on dit, le mort en terre et le vivant à table. » Aussitôt il fait marcher son âne devant lui ; don Quichotte, trouvant qu'il avait raison, le suivit sans répliquer.

Ils s'enfoncèrent entre deux collines, et parvinrent à une vallée profonde, où Sancho mit sur l'herbe ses provisions. Là, étendus tous les deux, sans autre sauce que leur appétit, ils déjeunèrent, dînèrent, soupèrent tout à la fois avec d'excellentes viandes froides, destinées à messieurs les ecclésiastiques, qui d'ordinaire savent bien se pourvoir. Mais un grand malheur, dont Sancho surtout ne pouvait se consoler, c'est qu'ils n'avaient point de vin, ni même d'eau, pour apaiser leur soif : ce qui fut cause de ce qu'on va voir dans le chapitre suivant.

CHAPITRE XV

DE LA PLUS EXTRAORDINAIRE DES AVENTURES QUE DON QUICHOTTE MIT A FIN.

Sancho, qui ne pouvait manger sans boire, fut le premier à dire à son maître que l'herbe fraîche et touffue de cette prairie annonçait quelque fontaine ou quelque ruisseau dans les environs. Don Quichotte et lui se levèrent pour le chercher et s'y désaltérer. Ils prirent Rossinante et l'âne par la bride, et commencèrent à marcher avec précaution, parce que la nuit était fort obscure. Ils n'avaient pas fait deux cents pas, que leurs oreilles furent frappées du bruit lointain d'une cascade. Ils s'en réjouissaient déjà, lorsqu'un bruit fort différent vint tempérer cette joie et donner l'alarme à Sancho, qui naturellement n'était pas brave. Ils entendirent de grands coups frappés à intervalles égaux, mêlés d'un cliquetis de ferrailles, de chaînes, et accompagnés du bruit du torrent bondissant à travers les rocs. Il était nuit, le ciel était couvert d'un voile épais, et nos héros se trouvaient sous de grands arbres dont les branches étaient agitées. Ces ténèbres, cette solitude, le bruit du fer et de l'eau, qui se confondait avec le murmure des feuilles et le sifflement du vent, tout semblait se réunir pour inspirer la terreur ; mais notre héros, incapable d'effroi, s'élance sur Rossinante, et, se couvrant de sa rondache : « Ami, dit-il à son écuyer, apprends que le ciel me fit naître dans ce triste siècle de fer pour ramener l'âge d'or; que c'est à moi que sont réservés les grands périls, les actions sublimes, et que ma renommée doit effacer celle des guerriers de la Table ronde, des pairs de France, des neuf preux, de tous les chevaliers du temps passé. Remarque, fidèle écuyer, cette sombre horreur qui nous environne, ces silencieuses ténèbres, ce murmure sourd des chênes immenses que les aquilons font gémir, ce bruit épouvantable des flots qui semblent se précipiter des montagnes de la lune, et ces coups terribles dont le son aigu déchire l'oreille effrayée; le dieu Mars lui-même connaîtrait la peur : eh bien, mon courage en augmente; je désire, je veux, je cours entreprendre cette aventure. Serre les sangles de mon coursier : reste ici, attends-moi trois jours. Si à cette époque je ne reviens point, va trouver au Toboso l'incomparable Dulcinée, et dis-lui que son chevalier est mort en cherchant à mériter la gloire de lui appartenir. »

En écoutant ces paroles, Sancho se mit à pleurer : « Monsieur, dit-il d'une voix attendrie, pourquoi voulez-vous tenter une si terrible aventure ? Il est nuit, personne ne nous voit, personne ne pourra nous traiter de poltrons, quand nous nous détournerions un peu. Prenons ce parti, croyez-moi, dussions-nous ne pas boire de quatre jours. Je vous préviens d'abord que je n'ai plus soif. Notre curé, que vous connaissez bien, m'a dit souvent que celui qui cherche le péril périt. Vous devez être satisfait de n'avoir pas été berné comme moi, d'avoir vaincu, comme vous l'avez fait, ce grand nombre d'ennemis qui escortaient ce corps mort. Si toutes ces raisons ne vous touchent pas, songez que j'ai quitté pour vous ma maison, mes enfants, ma femme. J'espérais n'y pas perdre, à la vérité; mais, comme on dit, la convoitise rompt le sac : que deviennent toutes mes espérances si, au moment où je croyais tenir cette malheureuse île que vous m'avez promise, je me vois délaissé par vous? Pour l'amour de Dieu, monseigneur, mon maître, ne me faites pas ce chagrin; du moins attendez qu'il soit jour. — Jour ou nuit, il ne sera pas dit que rien au monde ait retardé l'accomplissement de mes grands devoirs. Laisse-moi, Sancho; le Dieu tout-puissant qui m'inspire d'entreprendre cette aventure saura bien veiller sur ma vie, ou te consoler de ma perte. Serre les sangles de Rossinante, et attends-moi : je serai bientôt mort ou vainqueur. »

Sancho, voyant que ses larmes, ses prières, ses conseils ne pouvaient rien sur son maître, résolut d'user d'adresse et de le forcer, malgré lui, d'attendre que le jour parût. Pour cela, dans le même temps qu'il serrait les sangles de Rossinante, il lui lia doucement les jambes de derrière avec le licou de son âne. Quand don Quichotte voulut partir, son cheval, au lieu de marcher, ne faisait que de petits sauts. « Vous le voyez, s'écria l'écuyer, le ciel, plus pitoyable que vous, ne veut pas que vous m'abandonniez. Il défend à Rossinante de vous obéir; et si vous continuez à résister à sa volonté, vous mettrez en colère la fortune, et vous en serez puni. » Don Quichotte se désespérait ; mais plus il piquait son cheval, et moins le cheval avançait. Sans se douter de ce qui le retenait : « Allons, dit-il, puisque Rossinante ne veut pas marcher, je vais attendre l'aurore, quoique je verse des larmes de ce retard si cruel. — Mais, monsieur, répondit Sancho, il n'y a pas là de quoi se désoler. Je vous ferai des contes pendant ce temps ; à moins que vous ne préfériez de descendre et de dormir sur l'herbe touffue, à la manière des chevaliers. — Moi, dormir! Y penses-tu? Suis-je de ces guerriers qui dorment quand il faut combattre? Dors, dors, toi qui naquis pour le sommeil ; je m'entretiendrai avec mes pensées. — Ne vous fâchez pas, monseigneur, je ne l'ai pas dit pour vous déplaire. »

Sancho, en parlant ainsi, se rapprochait toujours de son maître, tant était grande la frayeur que lui causait ce bruit continuel de ferrailles. Il finit par saisir d'une main l'arçon de la selle et de l'autre la croupière, tenant ainsi fortement embrassée la cuisse gauche de notre héros.

Cependant la nuit s'écoulait ; et Sancho, voyant paraître le jour, alla délier doucement les jambes de Rossinante. L'animal se sentit à peine libre, que, quoiqu'il ne fût pas fort pétulant, il essaya de faire deux ou trois courbettes, que la faiblesse de ses reins ne lui permit point d'achever. Don Quichotte en tira bon augure, et voulut en profiter sur-le-champ. L'aube laissait alors distinguer les objets. Notre héros s'aperçut qu'il était au milieu de grands châtaigniers, dont les ombrages épais avaient rendu la nuit plus obscure ; mais il ne put deviner la cause de ces coups terribles qui continuaient à se faire entendre ; il renouvela ses adieux à Sancho, et ajouta : « Quant à la récompense de tes services, tu ne dois avoir aucune inquiétude, j'y ai libéralement pourvu dans un testament que l'on trouvera chez moi. Mais espérons plutôt, mon ami, que je sortirai triomphant de cette périlleuse aventure, et pour le coup tu peux compter sur l'île que je t'ai promise. » Notre écuyer, en l'écoutant, se mit encore à fondre en larmes, et déclara qu'il voulait suivre son maître jusqu'à la mort. Don Quichotte fut attendri ; mais, cachant son émotion de peur de témoigner de la faiblesse, il marcha d'un air fier et calme vers le lieu d'où venait le bruit.

Sancho le suivait à pied, tirant par le licou son âne, inséparable compagnon de sa bonne et mauvaise fortune. Après un assez long chemin au milieu de ces châtaigniers, ils arrivèrent dans un petit vallon entouré de rochers élevés, d'où se précipitait le torrent. Au pied de ces rochers on voyait de loin quelques misérables maisons, qui ressemblaient à des ruines; c'était de là que sortaient les épouvantables coups. Rossinante eut peur, et fit un écart; mais notre héros le ramène, s'approche peu à peu des maisons en se recommandant à sa dame. Son écuyer, toujours derrière lui, allongeait souvent la tête et le cou entre les jambes de Rossinante pour chercher à découvrir ce qui lui faisait tant de peur. Au bout de cent pas, au détour d'une petite colline, ils découvrirent enfin la cause de leur terreur et de cet effroyable bruit. C'étaient, il faut le dire, il faut bien l'avouer malgré nous, six énormes marteaux de moulins à foulon qui n'avaient pas cessé de battre depuis le jour précédent.

Don Quichotte, à cet aspect, demeura muet de surprise, ses mains laissèrent aller la bride, sa tête tomba sur son sein. Il tourna les yeux sur Sancho, qui fixait les siens sur lui, avec les joues enflées, et tout prêt à crever d'envie de rire. Notre chevalier ne put s'en empêcher lui-même, malgré son profond chagrin, et Sancho, voyant que son maître heureusement avait ri le premier, mit ses poings sur ses côtes, et par quatre fois de suite fit et refit des éclats qui bientôt impatientèrent don Quichotte.

CHAPITRE XVI

CONQUÊTE DE L'ARMET DE MAMBRIN.

Dans ce moment il vint à tomber un peu de pluie. Sancho voulait chercher son abri dans les moulins; mais don Quichotte les avait pris en aversion, jamais il n'y voulut entrer; et, tournant à droite, il n'avait pas fait beaucoup de chemin, lorsqu'il aperçut de loin un homme à cheval, qui portait sur la tête quelque chose d'aussi brillant que l'or. « Sancho, s'écria-t-il plein de joie, tous les proverbes sont vrais, principalement celui qui dit que *lorsqu'une porte se ferme, une autre s'ouvre bientôt.* Cette nuit, la volage fortune a semblé se jouer de mes espérances, mais ce matin elle vient m'offrir un beau dédommagement : selon toutes les apparences, le guerrier que je vois là-bas porte sur sa tête l'armet de Mambrin, que j'ai juré de conquérir. »

Je dois mettre au fait mes lecteurs de ce que c'était que ce guerrier, ce cheval et cet armet. Il y avait dans ces environs un village et un hameau si petits et si voisins l'un de l'autre, que le même barbier servait pour les deux. Or, ce jour-là, un malade du hameau avait besoin d'une saignée, et un autre habitant, de se faire la barbe ; le barbier se rendait chez eux avec ses lancettes et son bassin de cuivre jaune : surpris par la pluie, craignant de gâter son chapeau, qui sans doute était tout neuf, il avait mis sur sa tête ce bassin de cuivre, qu'on voyait luire d'un quart de lieue. Il était monté sur un âne gris, comme l'avait dit Sancho, et don Quichotte dans tout cela voyait un chevalier sur un beau cheval gris pommelé, la tête couverte d'un casque d'or.

Quand le pauvre barbier fut près, notre héros, sans explication, courut à lui la lance en arrêt. Le barbier, qui vit arriver ce fantôme, se jette promptement à bas de son âne, et, plus léger qu'un chevreuil, commence à fuir dans la campagne, en laissant par terre le bassin de cuivre. « Le païen n'est pas sot, s'écria don Quichotte ; il imite le castor, qui, poursuivi par les chasseurs, se coupe lui-même ce qu'on veut de lui. Sancho, ramasse ce précieux armet. — Par ma foi ! dit l'écuyer en prenant le plat à barbe, ce bassin-là est encore neuf et vaut au moins huit réaux. » Il le remet à son maître, qui, l'essayant sur son front, et le tournant, le retournant pour l'y faire tenir, disait avec étonnement : « Le païen pour qui l'on forgea ce casque devait avoir une furieuse tête ! Encore vois-je avec douleur qu'il y manque tout le morion. » Sancho faisait tous ses efforts pour ne pas rire. « Qu'as-tu donc ? lui dit don Quichotte. — Rien, monsieur, répondit-il; je songe à la grosse tête du premier possesseur de cet armet, qui ressemble singulièrement à un plat à barbe. — Il est vraisemblable, Sancho, que ce casque enchanté sera tombé par hasard dans les mains de quelque ignorant, qui, sans connaître son mérite, en aura fondu la moitié; de l'autre il aura fait ce que tu vois, qui à la vérité a un peu l'air d'un plat à barbe. Mais que m'importe? je sais ce qu'il vaut; je le ferai remettre en état, et j'aurai un casque beaucoup meilleur que celui que le dieu Vulcain forgea pour le dieu des batailles; en attendant, je vais le porter tel qu'il est. — Vous êtes le maître, monsieur; mais que ferez-vous de cet âne, je veux dire de ce cheval gris pommelé, qui ressemble aussi beaucoup à un âne gris? Au train qu'a pris son pauvre maître, je ne crois pas qu'il revienne le chercher; et par ma barbe! le roussin n'est pas mauvais. — Mon usage n'est pas de dépouiller ceux que j'ai vaincus, et les chevaliers d'autrefois ne s'emparaient guère des chevaux de leurs ennemis, à moins qu'ils n'eussent perdu le leur dans le combat. Laisse donc ce cheval ou cet âne, comme tu voudras l'appeler; son maître le viendra reprendre. — J'aurais pourtant quelque envie de le troquer contre le mien, qui ne me paraît pas si bon. Les lois de la chevalerie sont terriblement étroites, si elles ne permettent pas de changer un âne contre un âne. Ai-je du moins la liberté de changer les bâts? — Je n'en suis pas sûr; mais, jusqu'à ce que je sois mieux informé, je pense que tu peux le faire. »

Autorisé par cette décision, Sancho prit le bât tout neuf de l'âne gris pommelé, et se hâta d'en parer le sien, qui lui en sembla deux fois plus beau. Cela fait, nos voyageurs déjeunèrent des restes de leur souper, burent ensemble de l'eau du torrent, sans retourner la tête du côté des moulins, et, redevenus bons amis, ils continuèrent leur route, en laissant aller à son gré Rossinante, que l'âne suivait avec une fidèle amitié. Bientôt ils se trouvèrent dans la grande route.

Tout à coup notre chevalier aperçut dans le grand chemin une douzaine d'hommes à pied, attachés ensemble, comme des grains de chapelet, par une longue chaîne de fer, et tous ayant les menottes ; ils étaient conduits par deux cavaliers armés d'escopettes, et deux fantassins armés de lances. « Voici, dit Sancho, la chaîne des forçats que l'on mène aux galères du roi. — Comment, des forçats ! s'écria don Quichotte ; est-il possible que le roi force ses sujets à ramer ? — Je vous dis, reprit l'écuyer, que ces gens-là sont condamnés, pour leurs délits, à servir sur les galères. — Ils n'y vont donc pas de bon gré ? — Non assurément. — Cela me suffit : je n'oublie point ce que ma profession m'ordonne. »

Don Quichotte s'avance alors, et demande, avec beaucoup de politesse, à ceux qui conduisaient la chaîne, de vouloir bien lui dire pourquoi l'on menait ainsi ces malheureux. Un des cavaliers, touché de sa courtoisie, lui répondit : « Nous avons bien avec nous la sentence de chacun de ces misérables, mais il n'est guère possible de vous faire lire tous ces arrêts ; si votre seigneurie veut s'informer à eux-mêmes de ce qu'elle désire savoir, ils sont bavards de leur métier, et ne demanderont pas mieux de vous en instruire. » Avec cette permission, que notre héros aurait prise quand même on la lui aurait refusée, il s'approcha de l'un des galériens, et lui demanda pour quelle faute il allait aux galères.

« Hélas ! répondit celui-ci, c'est pour avoir été amoureux d'une bourse d'or qu'un vieux avare tenait renfermée ; je l'enlevai, je fus pris avec la bourse dans les mains ; il fallut employer la force pour me l'arracher, tant elle était chère à mon cœur. La justice arrangea l'affaire en me faisant donner cent coups de fouet sur les épaules, et en m'envoyant servir trois ans dans la marine royale. — Et vous, mon ami, dit don Quichotte au second, qui marchait la tête baissée avec l'air du repentir. — Monsieur, répondit celui-ci, je vais aux galères pour avoir été trop franc. — Comment, trop franc ! Mais la franchise est une vertu que tout honnête homme doit honorer. — Eh bien ! les juges d'à présent n'ont point de honte de la punir : ils m'ont interrogé sur quelques bestiaux enlevés. Je leur ai dit avec candeur que c'était moi qui

Don Quichotte et les Galériens.

avais trouvé ces troupeaux errants dans la campagne, et que, par suite de mon goût pour la vie pastorale, je les avais recueillis. Cet aveu simple et naïf m'a fait condamner à deux cents coups de fouet et à six ans de galères. »

Don Quichotte interrogea le troisième, qui lui répondit gaiement : « Je suis ici, monsieur, faute de dix ducats. Si, dans le temps du procès, j'avais pu faire couler un peu d'or dans la poche du rapporteur, dans l'écritoire du greffier, je serais à présent à me divertir au milieu du Zocodover de Tolède. Mais à la garde de Dieu ! la patience vient à bout de tout. »

— « Cela me suffit, dit don Quichotte en élevant la voix. D'après tout ce que je viens d'entendre, il est clair, mes frères, que, quoique vous alliez aux galères pour le châtiment de vos fautes, cependant vous n'y allez pas avec plaisir et de bonne volonté. Après avoir réfléchi mûrement à votre situation, je pense que je ne puis m'empêcher d'exercer à votre égard le premier des devoirs de la chevalerie, celui de secourir les opprimés. Mais comme la sagesse prescrit d'employer toujours la douceur et la raison avant d'en venir à la force, j'ai l'honneur de vous prier, messieurs les commissaires et gardes, de vouloir bien ôter leurs fers à ces malheureux et de les laisser en paix. Si vous vous y refusez, j'aurai bien du regret, messieurs, d'être forcé de vous y contraindre.

— La plaisanterie n'est pas mauvaise, répondit le commissaire en riant, et vous savez la prolonger avec sang-froid. De bonne foi ! vous voulez que nous mettions en liberté la chaîne des galériens ? Allez, monsieur, continuez votre route, redressez le plat à barbe que vous avez sur la tête, et, croyez-moi, ne cherchez pas à compter les poils du chat. — C'est vous qui êtes un chat, un rat et un maraud, » répond don Quichotte. Aussitôt, d'un coup de lance il le jette par terre, lui et son escopette. Les autres gardes, surpris, mettent l'épée à la main, et viennent attaquer notre héros ; mais les galériens, profitant de l'occasion, se mettent à briser leurs chaînes. Les gardes, forcés de courir à leurs prisonniers et de se défendre contre don Quichotte, n'avaient pas assez de leurs bras. Sancho aida l'un des forçats à se débarrasser de ses fers. Aussitôt libre, il saute sur le commissaire étendu par terre, lui prend son épée et son escopette; alors, ajustant les gardes l'un après l'autre sans tirer, il les met bientôt en fuite, à travers une grêle de pierres que leur lançaient les autres galériens.

La victoire était complète; mais Sancho n'était pas trop content. Il dit à son maître que les fuyards allaient sûrement chercher la Sainte-Hermandad, qu'il n'y avait pas un moment à perdre pour se retirer et se cacher dans les montagnes voisines. Don Quichotte avait un autre projet : il appelle tous les galériens, occupés à dépouiller le commissaire, qu'ils laissèrent en chemise. Notre chevalier les rassemble en cercle, et, les regardant avec gravité: « Messieurs, dit-il, la reconnaissance est de toutes les vertus la plus chère aux âmes bien nées. Vous venez de voir ce que j'ai fait pour vous; je ne doute point qu'à votre tour vous ne désiriez faire quelque chose pour moi. Je vous demande de vouloir bien reprendre les chaînes que je vous ai ôtées, et, dans cet état, de vous en aller à la ville du Toboso vous présenter devant madame Dulcinée. Vous lui direz que l'esclave de sa beauté, le chevalier de la Triste Figure, se recommande à son souvenir ; vous lui conterez de point en point comment j'ai brisé vos fers ; et vous serez libres ensuite d'aller où bon vous semblera.

— « Seigneur chevalier, notre libérateur, répondit l'un des forçats, ce que vous demandez n'est pas raisonnable, puisque, si nous allions ensemble sur les chemins, nous serions sûrement repris par la Sainte-Hermandad, à qui nous ne pouvons espérer d'échapper qu'en nous dispersant et nous cachant. Nous prions votre seigneurie de vouloir bien nous dispenser de cette ambassade. — Pardieu ! s'écria don Quichotte en colère, vous irez tout seul, vous qui parlez, chargé de votre belle chaîne. »

Le forçat n'était point patient. Il fit un signe à ses compagnons, qui, s'éloignant aussitôt, firent pleuvoir tant de pierres sur don

Quichotte, que son bouclier ne pouvait suffire à l'en garantir. Rossinante ne remuait non plus qu'une souche. Sancho s'était mis à l'abri derrière son âne. Le malheureux chevalier fut atteint et renversé. Dans l'instant, les galériens fondent sur lui, lui ôtent le bassin à barbe, dont ils lui donnent cinq ou six coups sur les épaules, le jettent contre la terre, et dépouillent notre héros d'une casaque qu'il portait sur ses armes. Ils auraient pris jusqu'à ses chausses, si les cuissards ne les en eussent empêchés. Sancho en fut quitte pour son manteau. Après s'être partagé le butin, les galériens s'échappèrent par diverses routes, plus occupés de fuir la Sainte-Hermandad que d'aller trouver madame Dulcinée. Don Quichotte et Rossinante restèrent couchés l'un auprès de l'autre, tandis que Sancho, ramassé en boule, tremblait de toutes ses forces entre les jambes de son âne, qui baissait tristement la tête et secouait les oreilles, croyant toujours entendre siffler les pierres.

CHAPITRE XVII

DES CHOSES EXTRAORDINAIRES QUI ARRIVÈRENT A NOTRE CHEVALIER DANS LA SIERRA-MORENA.

Don Quichotte, se voyant ainsi payé de ses bienfaits, s'écria : « Sancho, l'on a raison de dire que jamais on ne gagne rien à obliger des méchants. J'aurais dû suivre ton conseil ; à l'avenir je serai plus sage. — Quoique je ne sois qu'un pauvre paysan, répliqua Sancho, j'ai ce qu'on appelle un peu de bon sens ; et ma caboche, qui ne me trompe guère, m'avertit que vous ferez fort bien de remonter sur Rossinante et de me suivre le mieux que vous pourrez. »

Don Quichotte obéit sans répliquer. Sancho, qui marchait devant sur son âne, entra dans la Sierra-Morena, avec le projet de s'y cacher quelques jours. Ce qui donnait un peu de courage à notre écuyer, c'est que le sac des provisions avait échappé, comme par miracle, aux recherches des galériens. Certains d'avoir de quoi vivre, nos voyageurs pénétrèrent jusqu'au milieu des montagnes, et ne s'arrêtèrent qu'à la nuit. Arrivés au pied d'un rocher, ils s'endormirent sous de grands lièges. Mais le destin qui les poursuivait amena justement dans le même lieu l'un des voleurs délivrés des galères par don Quichotte, et qui avait aussi ses raisons pour craindre la Sainte-Hermandad. Il trouva nos héros ensevelis dans un profond sommeil ; et comme la reconnaissance n'était pas la vertu qu'il pratiquait le plus, il ne se fit aucun scrupule de voler l'âne de Sancho, qui lui parut beaucoup meilleur que Rossinante. L'aurore brillait à peine que l'écuyer, se réveillant, s'aperçut qu'il n'avait plus son âne, et se mit à jeter des cris entremêlés de sanglots. « O mon fidèle ami ! disait-il, et le bien-aimé de mon cœur ! toi qui naquis dans ma maison, toi qui ne m'as pas quitté d'un instant, et dont l'enfance et la jeunesse me coûtèrent de si tendres soins, je ne te verrai donc plus ! je t'ai donc perdu pour jamais ! Eh ! comment oser revenir sans toi dans l'asile où nous vivions ensemble ? Comment oser reparaître devant ma femme, dont tu étais le favori ; mes enfants, dont tu faisais la joie ; mes voisins, qui te regardaient tous d'un œil d'envie ? O mon âne, mon âne chéri ! sans toi la vie ne m'est plus rien. Hélas ! toi seul la soutenais, puisque avec vingt-six maravédis que tu gagnais chaque jour tu payais presque ma dépense. Ah ! je n'en aurai plus besoin ; je t'ai perdu, je vais mourir. »

Don Quichotte, éveillé par ces plaintes, consola Sancho de son mieux, lui fit un beau discours moral sur les accidents de la vie ; mais il ne put essuyer ses larmes qu'en lui promettant de lui donner trois ânons, de cinq qu'il avait chez lui.

L'écuyer, encore sanglotant, remercia son maître de sa bonté, puis se mit à le suivre tristement à pied, portant le sac de provisions, qu'il avait encore heureusement sauvé, et dont il tirait

quelques bribes en poussant de gros soupirs. Don Quichotte marchait au pas, et s'enfonçait de plus en plus dans la montagne, en se réjouissant de ne voir autour de lui que des rochers, des déserts, et se rappelant avec délices tout ce qui était arrivé aux chevaliers dans de pareilles solitudes. Tout à coup, Sancho l'aperçoit soulevant avec la pointe de sa lance une valise à demi pourrie, restée au milieu du chemin. L'écuyer accourut pour l'aider à lever cette valise ; et comme elle était déchirée, il en tire, malgré la chaîne et le cadenas qui la fermait, quatre chemises de toile de Hollande, d'autre linge extrêmement fin, avec un mouchoir plié, dans lequel Sancho découvrit un assez gros monceau d'écus d'or.
« Ah ! béni soit Dieu, s'écria-t-il enfin, voici une aventure comme je les aime ! » En disant ces mots, sans s'amuser à compter les écus, il visita de nouveau la valise ; mais il n'y trouva plus rien que des tablettes richement garnies. Don Quichotte se réserva ces tablettes, en abandonnant les écus à Sancho, qui vint lui baiser la main, et serra tout ce qu'il avait pris.

« Ami, lui dit notre héros, ceci appartenait sans doute à quelque malheureux voyageur que des voleurs auront assassiné. — Non, monsieur, répondit Sancho, les voleurs n'auraient pas laissé ces beaux écus d'or qui sont dans ma poche. — Tu as raison. Je ne devine point ce que ce peut être, à moins que ces tablettes ne m'en instruisent. » Il les ouvrit, et trouva des vers qu'il lut à son écuyer.

« Ces vers ne nous apprennent rien, dit don Quichotte, mais je puis t'assurer qu'ils ne sont pas mal faits. — Vous vous connaissez donc en vers ? répondit Sancho. — Plus que tu ne crois, mon ami : et tu n'en douteras point lorsque je te donnerai une lettre en vers pour madame Dulcinée. Les chevaliers errants d'autrefois étaient tous poètes et musiciens. — Voyez donc encore, monsieur, si vous ne trouverez pas quelque autre chose dans les tablettes. » Don Quichotte tourna la feuille. « Voici de la prose, » dit-il.

« La lettre ne nous instruit pas plus que les vers, » dit don Quichotte après sa lecture. Et feuilletant encore les tablettes, il trouva d'autres poésies, d'autres billets, qui n'exprimaient que des plaintes, des reproches. Pendant ce temps, Sancho visitait une seconde fois la valise, sans laisser la moindre poche, un seul recoin, une couture, où sa main ne passât et ne repassât, tant les écus d'or, qui se montaient à plus de cent, l'avaient mis en goût d'en chercher encore ! Malheureusement il n'en trouva plus ; mais, en regardant son trésor, il se crut simplement payé des coups de bâton qu'il avait reçus, de la mauvaise nuit de l'hôtellerie, du baume de Fier-à-Bras, et d'avoir été berné, et même d'avoir perdu son âne. Le chevalier de la Triste Figure ne songeait qu'au maître de la valise ; et personne, dans ces lieux déserts, ne pouvant lui donner d'autres informations, il résolut de parcourir ces montagnes jusqu'à ce qu'il eût découvert cet infortuné.

Dans ce dessein, notre héros s'était déjà remis en marche lorsqu'il aperçut sur une colline un homme qui sautait de rocher en rocher avec une extrême légèreté. Cet homme était vêtu de lambeaux ; sa barbe était noire, épaisse ; sa longue chevelure, en désordre, retombait sur son visage ; il portait des chausses presque en pièces, qui semblaient avoir été de velours chamois ; ses jambes, ses pieds étaient nus. Malgré la rapidité de sa course, don Quichotte fit toutes ces remarques, et, s'imaginant que c'était le maître de la valise, il l'aurait suivi sur-le-champ, si Rossinante, qui même dans les beaux chemins ne se souciait guère d'aller vite, n'eût refusé de marcher à travers les cailloux et les rocs. Notre héros dit à son écuyer de courir après cet homme ; mais Sancho lui déclara qu'il ne pouvait s'éloigner, parce qu'aussitôt qu'il était sans son maître la frayeur lui glaçait le sang. « D'ailleurs, monsieur, ajouta-t-il, pourquoi chercher avec tant de soin le possesseur de cette valise ? si nous le trouvions, il faudrait lui rendre ses écus d'or ; et je ne vois point du tout que cela presse. » Dans ce moment ils arrivèrent à un ruisseau, sur le bord duquel était une mule morte, à demi mangée par des corbeaux ; elle avait encore sa selle et sa bride. Un vieux pâtre vint à paraître sur le sommet de la montagne et se mit à siffler pour rassembler ses chèvres. Don Quichotte l'aperçut, et lui cria de vouloir bien descendre. Le vieux pâtre vint à sa voix.

« Je gage, dit-il en arrivant, que vous désirez savoir pourquoi cette mule est là : il y a six mois qu'elle n'en a bougé. Vous avez dû rencontrer son maître. — Non, répondit don Quichotte ; nous avons seulement trouvé près d'ici une valise au milieu du chemin. — Il y a longtemps que je l'ai vue, reprit le chevrier ; mais je me suis bien gardé d'y toucher, de peur qu'on ne m'accusât de larcin. Le diable est plus malin que nous. — C'est ce que j'ai dit, interrompit Sancho, en découvrant cette valise ; je n'ai pas voulu en approcher de cent pas : elle est encore au même endroit ; qu'elle y reste. Oh ! que je n'aime pas les chemins pierreux ! il est trop aisé d'y broncher. — Brave homme, ajouta don Quichotte, savez-vous à qui elle appartenait ? — Monsieur, répondit le vieux pâtre, tout ce que je puis vous dire, c'est qu'il y a six mois à peu près que, dans une bergerie à trois lieues d'ici, nous vîmes arriver un jeune homme d'une belle taille et d'une jolie figure, monté sur cette mule que vous voyez, et portant derrière lui la valise à laquelle vous n'avez pas voulu toucher. Il nous demanda quel était l'endroit le plus désert de ces montagnes : nous lui indiquâmes celui-ci ; aussitôt il piqua sa mule, s'enfonça parmi ces rochers, et nous le perdîmes de vue.

« Quelques jours, après, un de nos pâtres rencontra ce jeune voyageur, qui, sans lui rien dire, vint droit à lui, le frappa, courut à l'âne chargé de nos provisions, s'empara de tout le pain, de tout le fromage qu'il trouva, et l'emporta dans ces rochers en courant d'une vitesse extraordinaire. Nous nous rassemblâmes tous, et nous le cherchâmes pendant deux jours. Nous le trouvâmes enfin dans le creux d'un liège. Ses habits étaient déchirés, son visage brûlé du soleil ; nous eûmes de la peine à le reconnaître. Il vint à nous avec beaucoup de douceur, nous salua, nous dit qu'il ne fallait pas s'étonner de l'état où nous le voyions, qu'il accomplissait une pénitence qu'on lui avait imposée pour ses nombreux péchés. Nous lui demandâmes son nom ; il baissa la tête et ne répondit pas. Nous le priâmes de nous indiquer où nous pourrions lui porter des vivres, à moins qu'il n'aimât mieux venir les chercher à nos cabanes, sans les prendre de force comme il avait fait. Il nous remercia, nous demanda pardon, promit que dorénavant il nous demanderait du pain pour l'amour de Dieu, et qu'il ne ferait plus de peine à personne. Il ajouta qu'il ne pouvait nous indiquer sa demeure, parce qu'il n'en avait point, et qu'il passait les nuits où il se trouvait. En achevant ces paroles, il se mit à pleurer et nous aussi ; car ce jeune homme a l'air bon : on lui a causé quelque grand chagrin, et l'état où nous le trouvions, comparé avec celui où nous l'avions vu la première fois, nous brisait le cœur.

« Comme nous nous efforcions de le consoler avec nos pauvres raisonnements de chevriers, son visage changea tout à coup ; il fixa ses yeux à terre, serra ses lèvres, fronça ses sourcils, et se lançant avec fureur sur l'un de nos pâtres, il le frappa d'une telle force, que sans nous il l'aurait tué. En se débattant il criait toujours : « Ah ! traître Fernand, tu vas me payer ta perfidie abo-
« minable ! je veux t'arracher ce cœur où l'artifice, la fraude,
« règnent avec tous les vices ! » Il ajouta à cela beaucoup d'autres reproches adressés à ce Fernand. Nous le laissâmes aller ; il s'enfuit avec vitesse jusque dans ces pointes de rocs, où il serait impossible de l'aller joindre.

« De tout cela, monsieur, nous avons conclu que ce malheureux jeune homme a de temps en temps des accès de folie, qui viennent sans doute du mal que lui a fait quelqu'un appelé Fernand. »

Don Quichotte, surpris autant qu'intéressé par ce récit, remercia le vieux pâtre, et résolut de l'aider dans ses recherches ; mais le hasard lui en épargna la peine. A l'instant même ils virent sortir du milieu des rocs le jeune homme aux habits déchirés, qui venait à eux en marmottant quelques paroles. Il s'approcha doucement, les salua, leur dit bonjour d'une voix faible et enrouée. Don Quichotte se pressa de descendre de cheval, et courut l'embrasser tendrement. Le jeune homme parut étonné, se retira deux pas en arrière, et, posant ses deux mains sur les épaules du chevalier, se mit à le considérer avec une grande attention. Enfin, après un long silence, il lui adressa ces paroles :

CHAPITRE XVIII

CONTINUATION DE L'AVENTURE DE LA SIERRA-MORENA.

« Certes, seigneur, quoique je ne vous connaisse point, je n'en suis pas moins touché vivement de l'amitié que vous me témoignez. Le triste état où je suis réduit ne me permettra peut-être jamais de vous prouver ma reconnaissance, mais il ne m'empêche point de la sentir. — J'exposerais ma vie avec joie, lui répondit don Quichotte, pour trouver un remède à vos maux ; si rien ne peut les adoucir, je voudrais du moins les plaindre, et encore plus les partager. Songez que les larmes de la compassion sont le baume de la douleur. Daignez donc m'instruire de vos peines, je vous le demande au nom de ce que vous avez le mieux chéri ; et je vous jure, par l'ordre de chevalerie, que j'ai reçu quoique indigne, que ma sensibilité mérite votre confiance. »

Le jeune homme, pendant que notre chevalier parlait, le regardait, l'examinait depuis les pieds jusqu'à la tête. « Pour l'amour de Dieu, répondit-il, donnez-moi quelque chose à manger ; quand j'aurai pris un peu de nourriture, je ferai ce qu'il vous plaira, ou du moins ce que je pourrai pour vous obéir. » Sancho et le vieux chevrier lui présentèrent ce qu'ils avaient de provisions. Le jeune homme s'en saisit avec avidité, se mit à manger en doublant et précipitant les morceaux, et jetant autour de lui des regards inquiets et farouches. Quand son repas fut achevé, sans dire un seul mot, il fit signe qu'on le suivît, et marcha vers un petit pré caché par une grande roche. Là, recommandant toujours le silence par des signes mystérieux, mettant le doigt sur sa bouche, et regardant de tous côtés, comme s'il eût craint d'être vu, il s'assit sur l'herbe au pied de la roche, indiqua la place que chacun devait prendre, ferma quelque temps les yeux pour recueillir ses idées, et commença dans ces termes :

« Je m'appelle Cardenio. Je suis né dans une grande ville de l'Andalousie ; ma famille est noble et riche : ces avantages de la fortune ne m'ont pas rendu moins à plaindre. Dans la même ville vivait une jeune personne à qui le ciel avait prodigué tous ses dons : elle avait nom Lucinde. Elle était aussi noble, aussi riche que moi.

« Je l'aimai ; j'allai trouver son père et je le priai de m'accorder sa fille. Il me reçut avec amitié, me répondit que ce mariage honorerait également les deux époux ; mais il ajouta que j'avais un père, que c'était à lui à faire cette demande, et que Lucinde ne pouvait pas devenir sa belle-fille sans qu'il eût témoigné qu'il le désirait. Je trouvai cette réponse juste ; je le remerciai de ses bontés, et courus chez mon père pour l'engager à faire la démarche qui devait assurer mon bonheur.

« En entrant dans son appartement, je trouvai mon père une lettre à la main. Sans me donner le temps de parler : Cardenio, me dit-il, cette lettre va t'instruire de ce que veut faire pour toi le duc Richard. Ce duc Richard, comme vous savez, est un grand d'Espagne, dont les domaines sont en Andalousie. Il écrivait à mon père pour le prier de m'envoyer auprès de lui, afin que je devinsse le compagnon, l'ami de son fils aîné, l'assurant qu'il voulait employer son crédit à mon avancement, à ma fortune, et m'assurant d'avance de son amitié d'une manière si flatteuse, si franche, si éloignée du ton des protecteurs ordinaires, que je sentis bien moi-même que je ne pouvais refuser d'aller au moins le remercier. Cardenio, me dit mon père, vous partirez dans deux jours, vous vous rendrez auprès du duc, et j'espère que votre conduite justifiera le choix qu'il a fait. Je n'osai répliquer. Le lendemain j'instruisis le père de Lucinde de tout ce qui se passait, et je le suppliai de vouloir bien ne pas disposer de sa fille avant mon retour de chez le duc, qui ne pouvait tarder longtemps. Il me le promit. Lucinde me fit le serment de m'épouser ; je lui dis adieu en versant des larmes.

« J'arrivai chez le duc Richard ; il me reçut avec une bonté paternelle. Son fils aîné me témoigna bientôt de l'estime et de l'amitié ; mais le cadet, appelé Fernand, jeune homme aimable et bien fait, me chérit encore plus que son frère, me donna sa confiance, se déclara mon meilleur ami. Mon cœur ne tarda pas à répondre au sien. Il me proposa de l'accompagner dans un voyage de plusieurs mois qu'il comptait entreprendre, et il me témoigna le désir d'aller passer ce temps dans la maison de mon père. J'applaudis fort à ce projet, qui me plaisait d'autant plus qu'il me rapprochait de Lucinde, et je pressai vivement Fernand de l'exécuter au plus tôt.

« Nous partîmes peu de jours après, avec la permission du duc ; nous arrivâmes chez mon père, où don Fernand fut reçu comme le fils de notre bienfaiteur. Frappé de tout ce que je lui dis de Lucinde, il témoigna le plus vif désir de la voir.

« Peu de jours après, Lucinde, qui aimait beaucoup à lire les romans de chevalerie, me fit demander *Amadis de Gaule*... » A ces mots, don Quichotte tressaillit, et, ne pouvant contenir son émotion : « Seigneur, interrompit-il, si votre seigneurie avait dit, en commençant son histoire, que madame Lucinde aimait les livres de chevalerie, cela seul eût assez prouvé qu'elle est belle, sage, aimable, spirituelle, parfaite. Dès ce moment, j'en suis sûr, je le soutiens, et je le soutiendrai. J'ose pourtant vous représenter qu'avec *Amadis de Gaule* elle aurait dû vous demander l'admirable *Roger de Grèce* ; madame Lucinde aurait lu avec délices la belle aventure de Darayda et de Garaya, ainsi que les vers doux et tendres du charmant berger Darinel. Quand vous le pourrez, je vous demande en grâce de lui prêter cet excellent livre : si par hasard vous ne l'avez pas, faites-moi l'honneur de venir chez moi, je vous en offrirai trois cents autres qui font la consolation de ma vie et la nourriture de mon âme : il est vrai que j'aurai peut-être un peu de peine à les retrouver, à cause de la malice de certains enchanteurs. Pardon si, malgré ma promesse, j'ai interrompu votre récit ; mais je ne suis plus maître de moi dès que j'entends parler de chevalerie. Daignez continuer, s'il vous plaît ; j'écoute avec autant d'attention que d'intérêt. »

Pendant que don Quichotte parlait, Cardenio, rêveur et pensif, avait laissé tomber sa tête sur son sein, et regardait fixement la terre. Notre chevalier le pria deux fois de poursuivre. Cardenio ne répondait point. Tout à coup, regardant don Quichotte avec des yeux égarés : « Non, dit-il, personne au monde ne m'ôtera de la tête, et je croirai toujours fermement, malgré tous les faquins qui diraient le contraire, que la reine Madasime était coupable. — Cela est faux ! s'écria don Quichotte avec un jurement terrible ; la reine Madasime fut une princesse respectable ; celui qui dit le contraire est un infâme, un poltron, un menteur, et je le prouverai à pied, à cheval, armé, désarmé, comme il lui plaira. » Cardenio, que son accès de folie venait de reprendre, s'entendant traiter de menteur, saisit une grosse pierre et la jeta de toute sa force à la poitrine de don Quichotte, qui fut renversé sur le dos. Sancho, voulant venger son maître, tombe à coups de poing sur Cardenio ; mais celui-ci, se relevant, a bientôt jeté l'écuyer par terre, et se met à danser sur son corps. Le chevrier, qui tente de le défendre, va lui tenir compagnie, et Cardenio, lassé de battre, s'en retourne vers ses rochers. Sancho s'en prend alors au chevrier de ce qu'il ne les avait pas avertis que cet homme était fou furieux. Le chevrier soutient qu'il le leur a dit ; Sancho affirme le contraire : tous deux se fâchent, et finissent par se prendre à la barbe. Don Quichotte veut les séparer : « Non, non, criait l'écuyer, laissez-moi frapper à mon aise ; cet homme n'est pas chevalier errant. » Notre héros parvient enfin à remettre la paix ; et, désirant, malgré sa querelle, d'entendre la fin de l'histoire de Cardenio, il prit congé du chevrier, remonta sur Rossinante, et s'achemina de son mieux sur les traces de celui qu'il cherchait.

CHAPITRE XIX

COMMENT LE VAILLANT CHEVALIER DE LA MANCHE IMITA LE BEAU TÉNÉBREUX.

Notre héros s'enfonça dans le plus fort de la montagne. Sancho, qui le suivait en soupirant, mourait d'envie de parler, mais n'osait commencer la conversation. Ce fut son maître qui prit la parole.

« Tu n'ignores pas, mon ami, que le fameux Amadis de Gaule fut peut-être le plus parfait des chevaliers errants du monde ; j'ai tort de dire peut-être ; il fut le premier, l'unique, le prince de ceux qui ont existé. Dans tous les arts, dans tous les emplois, on choisit toujours pour modèle celui qui s'est le plus illustré dans cet art ou dans cet emploi : c'est donc Amadis qui doit être le nord, l'étoile, le soleil de tout ce que nous sommes de cœurs généreux, combattant sous la bannière de la chevalerie. Une des plus belles actions d'Amadis, celle qui prouva le mieux son courage et sa constance, ce fut de se retirer sur la roche pauvre, où il vécut longtemps dans la pénitence sous le nom significatif du *beau Ténébreux*. Il m'est plus facile d'imiter cette pénitence du grand Amadis que de fendre comme lui des géants, de mettre en fuite des armées ; aussi vais-je profiter pour cela de l'heureuse occasion qui m'amène dans un désert aussi commode que celui-ci.

— « Je ne vous comprends pas bien, reprit Sancho : qu'est-ce donc que vous voulez faire ? — Imiter Amadis, et peut-être Roland, qui, à la suite de son différend avec le Maure Médor, arracha les arbres, troubla les fontaines, tua les troupeaux, mit le feu aux maisons, et devint tout à fait fou : ce qui lui fit beaucoup d'honneur. — Mais vous avez dit, ce me semble, que ces deux messieurs avaient des raisons pour faire ces belles choses ; je ne vois pas que vous en ayez ? — Non ; et voilà justement en quoi j'aurai bien plus de mérite. Qu'un chevalier devienne fou par un motif raisonnable, on ne peut guère lui en savoir gré ; mais qu'à propos de rien, sans le moindre sujet, la tête lui tourne tout d'un coup ; tu sens, mon ami, combien c'est glorieux. C'en est fait, Sancho, je suis fou ; oui, mon cher enfant, je veux être fou, et je le serai jusqu'à la réponse d'une lettre que tu vas porter de ma part à madame Dulcinée. Si cette réponse est telle que je la mérite, je reprendrai ma raison ; si la cruelle me dédaigne, je garderai mon délire pour diminuer ma douleur. Tu vois que dans tous les cas l'affaire est excellente, et que je ne peux qu'y gagner. »

En parlant ainsi, don Quichotte se trouvait au pied d'une haute montagne qui, séparée des autres, s'élevait seule dans une prairie arrosée par un ruisseau. La fraîcheur de l'eau courante, la beauté de la verdure émaillée de fleurs sauvages, quelques bouquets d'arbres plantés çà et là engagèrent notre chevalier à choisir cet agréable endroit pour y faire sa pénitence.

Don Quichotte descend de cheval, ôte la bride et la selle de Rossinante, et, le frappant de la main sur la croupe : « Reçois, dit-il, cette liberté dont ton maître ne jouit pas, et ne retiens plus ton ardeur, coursier aussi doux que terrible, toi qui portes écrit sur ton front que tu surpasses en légèreté et le renommé Erontin et l'hippogriffe d'Astolphe. — Si mon pauvre âne était encore à moi, interrompit alors Sancho, j'aurais, en lui ôtant son bât, d'assez belles choses à lui dire, quoique dans le fait il n'eût rien à voir à ceci. Mais au surplus, seigneur chevalier de la Triste Figure, si vous êtes fou tout de bon, et que vous vouliez que je parte, Rossinante pourrait fort bien suppléer au défaut de mon âne : j'irais et reviendrais plus vite, car je suis un fort mauvais piéton. — Je ne m'y oppose point, répond don Quichotte ; je désire seulement que tu ne te mettes en route que dans trois jours, afin que tu puisses voir toutes les folies que je sais faire quand je m'y mets. — Oh ! monsieur, j'en ai assez vu. — Tu n'y es pas, mon pauvre ami. Je vais d'abord déchirer mes vêtements, jeter çà et là mes armes, me précipiter la tête la première sur les rochers, ensuite...... — Prenez-y garde ; je vois ici tel rocher, qui finira sur-le-champ votre pénitence. Ecoutez : s'il est absolument nécessaire que vous fassiez de pareilles culbutes, je serais d'avis que ce fût dans l'eau, ou sur du sable doux comme coton, et rapportez-vous-en à moi pour dire ensuite que c'était contre des rochers plus durs que du diamant. — Non, Sancho, les lois de la chevalerie ne permettent point ces mensonges. — Oh bien ! je me les permets, et croyez-moi, monsieur, imaginez que les trois jours sont passés ; écrivez promptement à madame Dulcinée, sans oublier la lettre de change des trois ânons que vous m'avez promis. Donnez-moi le tout ; je cours ventre à terre au Toboso ; je parle à madame Dulcinée ; je lui raconte des merveilles de votre pénitence et je reviens, léger comme un oiseau, tirer votre seigneurie de son purgatoire. »

Don Quichotte, sans lui répondre, s'éloigna de quelques pas, tira les tablettes de Cardenio, et fit sa lettre pour Dulcinée. Lorsqu'il l'eut achevée, il appela son écuyer, la lui lut et la lui remit.

— « Par la vie de mon père ! s'écria Sancho, je n'ai jamais rien entendu de pareil. Mardi ! monsieur, comme vous savez dire tout ce que vous voulez et comme vous avez bien encadré là-dedans votre *Chevalier de la Triste Figure* : vous êtes un diable pour l'esprit. Ah çà, n'oubliez pas à présent d'écrire sur une autre feuille la lettre de change des trois ânons, et signez-la d'une manière moins gentille, mais plus claire. » Don Quichotte l'écrivit aussitôt.

— « C'est à merveille, dit Sancho ; mettez là votre parafe, et je vais seller Rossinante. — Attends, attends, reprit don Quichotte : je désire qu'au moins tu me voies tout nu ; et je ne te demande que quelques minutes pour faire devant toi une douzaine de folies dont tu pourras parler comme témoin. — Oh! non, monsieur, je vous en prie, que je ne vous voie pas tout nu ! je serais sûr de me mettre à pleurer ; et j'ai déjà tant pleuré mon âne, que mes pauvres yeux n'y pourraient suffire. Laissez-moi partir, j'en serai plus tôt de retour. »

Sancho demanda la bénédiction de son maître, et, montant sur Rossinante, dont notre chevalier lui recommanda de prendre les plus grands soins, il se mit aussitôt en route. Mais il n'avait pas fait cent pas qu'il revint précipitamment : « Vous aviez raison, dit-il, je pense qu'il est nécessaire que je voie quelques-unes de vos folies, pour les affirmer par serment en sûreté de conscience... » Don Quichotte, qui ne demandait pas mieux, se déshabilla dans l'instant, ôta jusqu'à ses caleçons, ne garda que sa chemise, et fit ensuite deux sauts en l'air avec deux culbutes, la tête en bas. Sancho n'en voulut pas voir davantage ; il tourna bride en fermant les yeux, et reprit vite son chemin.

CHAPITRE XX

FOLIE DE DON QUICHOTTE DANS LA SIERRA-MORENA.

Tandis que le chevalier de la Triste Figure, demeuré seul et en chemise, réfléchissait mûrement sur le point qui l'embarrassait fort, de savoir s'il se déclarerait fou furieux comme Roland, ou fou triste, comme Amadis, Sancho poursuivait son chemin. Si malheureusement ce voyage avait été de trois semaines, comme il ne fut que de trois jours, le fidèle écuyer risquait de ne pas retrouver son maître en vie ; mais vingt-quatre heures après l'avoir quitté, Sancho arriva pour dîner à la fatale hôtellerie où l'on s'était amusé à le faire sauter dans la couverture. Dès qu'il l'aperçut, il lui prit un frisson ; cependant, comme il avait faim, il s'arrêta malgré lui, regardant de côté la porte, et ne sachant s'il devait entrer. A l'instant même il en sortit deux hommes, dont l'un dit à l'autre : « Seigneur licencié, n'est-ce point là Sancho Pança, celui que la gouvernante nous a dit avoir suivi notre aventurier ? — C'est lui-même, répond l'ecclésiastique ; et je reconnais le cheval de don Quichotte. »

Aussitôt le curé et le barbier, car c'étaient eux, s'approchèrent de notre voyageur. « Ami Sancho, dit le curé, qu'avez-vous fait de votre maître ? — Monsieur, répondit l'écuyer, qui les reconnut aussi, mon maître est dans un certain lieu, occupé de certaines choses fort importantes, et que, sur les yeux de ma tête, j'ai promis de ne point révéler. — Oh! s'écria le barbier, si monsieur Sancho fait tant le discret, nous serons persuadés qu'il a volé le seigneur don Quichotte, et qu'il lui a pris jusqu'à son cheval que voilà. — Monsieur, Monsieur, répliqua l'écuyer, ne soyez pas si léger dans vos jugements et dans vos propos : je n'ai jamais volé personne, et je souhaite que tout le monde en puisse dire autant. Mon maître, au fond de ces montagnes, accomplit une pénitence, et moi, comme son ambassadeur, je vais porter une lettre de lui à madame Dulcinée du Toboso, fille de Laurent Corchuelo. » Maître Nicolas et le curé, surpris de cette nouvelle folie, demandèrent à voir cette lettre. Sancho leur dit qu'elle était sur des tablettes, et que son maître lui avait ordonné de la faire transcrire au premier village. Le curé s'offrit pour la copier. Sancho descendit alors de cheval, et mit la main dans son sein pour en tirer les tablettes, qu'il n'avait garde d'y trouver, car il les avait oubliées. Inquiet, troublé, pâle de frayeur, Sancho tourne, retourne ses poches, se tâte par tout le corps, et, prenant ensuite sa barbe à deux mains, s'en arrache la moitié, se donne cinq ou six soufflets et s'égratigne le visage. « Qu'avez-vous donc? s'écria le curé. — Ce que j'ai? répondit-il : ah ! malheureux que je suis ! je viens de perdre en un moment trois superbes ânons, dont chacun valait une métairie. — Comment ! répliqua le barbier, ces ânons étaient dans vos poches? — Sans doute, puisqu'ils étaient dans une lettre de change signée de mon maître, portant l'ordre à sa nièce de me donner trois ânons, de quatre ou cinq qu'il a chez lui ; cette lettre de change, avec l'épître pour madame Dulcinée, était dans les tablettes, que j'ai perdues. »

Le curé consola Sancho, et lui promit qu'en retrouvant don Quichotte il lui ferait renouveler la lettre de change. Le bon écuyer, un peu rassuré, dit alors qu'il regrettait peu l'épître à madame Dulcinée, parce qu'il la savait presque par cœur.

Le barbier et le curé félicitèrent Sancho sur son heureuse mémoire. « Mais, ajoutèrent-ils, nous devons nous occuper à présent de le tirer de son désert ; nous réfléchirons là-dessus à table ; venez avec nous dans l'auberge. — Non, répondit Sancho en détournant la tête ; si cela vous est égal, je n'entrerai point dans cette auberge-là, je vous en dirai quelque jour les raisons. Vous pouvez m'envoyer ici mon dîner, avec un peu d'orge pour Rossinante. » On ne le pressa pas davantage, et le barbier lui fit porter à manger.

Le curé, pendant ce temps, imaginait au moyen qui devait réussir auprès de don Quichotte pour le conduire où l'on voudrait : c'était d'habiller maître Nicolas en demoiselle errante, en lui couvrant le visage d'un voile, de se déguiser en écuyer, et de s'en aller ainsi se jeter aux pieds de notre héros, en lui demandant un don. Après que ce don serait accordé, la demoiselle affligée devait le prier de venir avec elle pour la venger d'un chevalier félon, et le prierait de ne point exiger qu'elle ôtât son voile avant la fin de cette aventure. De cette manière on était certain de mener don Quichotte jusqu'à son village, où l'on essaierait de guérir son inconcevable folie.

CHAPITRE XXI

GRANDS ÉVÉNEMENTS DIGNES D'ÊTRE RACONTÉS.

Maître Nicolas applaudit à l'invention du curé, qu'il voulut exécuter sur l'heure. Il emprunta de la femme de l'aubergiste un corps de jupe avec une coiffe ; quant au curé, pour se déguiser, il pensa qu'il lui suffisait de s'attacher au menton une barbe de queue de bœuf, extrêmement rousse et touffue, qui appartenait à l'hôte, et dont le barbier s'empara sans en demander permission. L'hôtesse voulut savoir le motif de ces déguisements, et, d'après ce que lui dit le curé de la folie de don Quichotte, elle reconnut le chevalier du baume, et le maître de l'écuyer berné. Alors elle ne manqua pas de raconter tout ce qui s'était passé dans l'hôtellerie, sans oublier l'aventure que Sancho prenait tant de soin de cacher. Ils montèrent sur leurs mules, et tous deux prirent congé de l'aubergiste, de sa femme et de Maritorne, qui promit de dire un rosaire pour l'heureux succès de leur entreprise.

Sancho, qui les attendait en dehors, ne put s'empêcher de rire en les voyant. Ils l'instruisirent de leur projet, qu'ils lui présentèrent comme le seul moyen d'arracher don Quichotte à ses déserts, pour qu'il s'occupât sur-le-champ de devenir empereur et de récompenser son écuyer. Sancho les remercia, promit le secret, recommanda surtout au curé d'empêcher son maître de se faire archevêque, et prit avec eux la route de la Sierra-Morena. Ils arrivèrent le même soir à l'entrée des montagnes, où ils passèrent la nuit.

Le lendemain matin ils poursuivirent leur route, et Sancho, qui les guidait, leur raconta l'aventure de Cardenio, sans parler cependant, et pour cause, des écus d'or trouvés dans la valise. Ils parvinrent enfin à l'endroit où les genêts coupés indiquaient le chemin. On fit halte pour tenir conseil : il fut décidé que Sancho irait en avant rendre compte à don Quichotte de son ambassade à Dulcinée ; qu'il lui dirait que cette dame n'avait pu lui répondre que de bouche, par la raison qu'elle ne savait pas écrire ; mais qu'elle ordonnait à son chevalier, sous peine de son indignation, de se rendre aussitôt près d'elle. Sancho promit de revenir instruire le curé des projets de son maître, et laissa ses deux compagnons dans une prairie ombragée de grands arbres et arrosée d'un ruisseau.

C'était au mois d'août, vers les trois heures de l'après-midi, au moment où la chaleur est la plus forte. Le curé et le barbier, assis à l'ombre sur le bord de l'eau, attendaient paisiblement le retour du fidèle écuyer, lorsqu'ils entendirent près d'eux une voix qui chantait avec art et justesse, non pas une chanson rustique, mais une charmante romance.

L'heure, le lieu, la beauté de la voix, augmentaient la surprise du barbier et du curé, qui, se levant aussitôt, s'avancèrent vers une colline d'où venaient ces doux accents. A peine avaient-ils fait quelques pas, qu'ils découvrirent sur un rocher un homme semblable à celui que Sancho leur avait dépeint en racontant l'aventure de Cardenio. Cet homme les aperçut, et sans s'échapper, sans montrer aucune colère, il demeura dans la même place, la tête penchée sur sa poitrine, comme quelqu'un qui médite. Le curé, ne doutant point que ce ne fût ce Cardenio dont il savait déjà l'histoire, s'approcha doucement, le salua, lui fit entendre qu'il était instruit de ses malheurs, et sut mêler dans son discours, aux expressions d'un tendre intérêt, les consolations plus grandes qu'un ecclésiastique pouvait offrir. Cardenio jouissait alors de sa raison. Surpris d'entendre au milieu de ces déserts un langage aussi touchant, il répondit avec politesse : « Je vois bien que le ciel n'abandonne point les misérables, puisqu'il daigne m'envoyer un ange de paix qui sait me rappeler mes devoirs sans être insensible à mes peines. Ne me jugez pas trop sévèrement, messieurs ; ayez quelque pitié d'un pauvre insensé : je le suis, je le sais bien ; ma faible raison ne me luit que dans de courts intervalles. J'apprends alors avec une douleur vive que souvent j'ai fait du mal : j'en verse des larmes de repentir. Mais ce repentir est inutile : je retombe dans mon délire, j'offense de nouveaux ceux que je voudrais servir. Hélas! je n'ai qu'un moyen de me faire excuser, c'est de dire ce qui m'a réduit à cet état déplorable : je raconte mes malheurs à tous ceux qui veulent les entendre. Il faut bien que l'on me plaigne, et l'on me pardonne alors. Si vous venez avec cette intention, je vais vous faire ce récit. »

Nos voyageurs, qui ne demandaient pas mieux, acceptèrent son offre avec reconnaissance, et s'assirent près de Cardenio, qui recommença son histoire, presque dans les mêmes termes qu'il l'avait dite à don Quichotte, lorsqu'elle fut interrompue par notre héros, un peu trop chatouilleux au sujet de la reine Madasime. Cette fois, il n'y eut point d'interruption.

Le curé, touché jusqu'au fond du cœur, allait s'efforcer de le consoler, lorsqu'une voix douce et tendre, qui se plaignait non loin d'eux, attira son attention.

CHAPITRE XXII

NOUVELLE ET SURPRENANTE AVENTURE.

Le curé, surpris de ces accents, s'avança, suivi de ses deux compagnons, vers l'endroit d'où ils semblaient partir. Ils n'avaient pas fait vingt pas, qu'ils aperçurent sous un frêne une jeune femme qui se baignait les pieds dans un ruisseau, et dont la tête baissée leur dérobait le visage. Ils s'approchèrent avec précaution et se cachèrent derrière une roche.

Après s'être baigné les pieds, elle tira de son bonnet un linge dont elle les essuya. Ce mouvement lui fit voir les voyageurs. Dès qu'elle les aperçut, elle se leva précipitamment, saisit un petit paquet de hardes, et sans songer à ses souliers, elle fuit nu-tête, nu-pieds, avec toutes les marques d'une vive frayeur. Elle tomba bientôt sur les cailloux tranchants. Déjà le curé l'avait jointe. « Rassurez-vous, madame, lui dit-il, nous sommes loin d'être vos ennemis. Le hasard seul nous a conduits dans ces montagnes, et pardonnez au désir que nous aurions de vous êtres utiles. »

La jeune personne troublée regarda le curé sans répondre. Celui-ci, par d'autres discours, cherchait à dissiper sa terreur. Enfin elle se rassura, baissa vers la terre ses yeux pleins de larmes, et dit avec un soupir : « Puisque cette solitude n'a pu me cacher aux humains, je n'essaierai point de feindre ; ma bouche n'a point l'habitude du mensonge, et votre cœur me semble avoir l'habitude de la pitié. Oui, j'ai voulu me cacher; je rougis de tous les soupçons que cela doit faire naître : vous m'en épargnerez quelques-uns quand je vous aurai tout dit. »

Ces paroles furent prononcées avec tant de grâce et de modestie, que le curé et ses deux compagnons se sentirent autant de respect que d'intérêt pour cette jeune personne. Dans le même instant, on entendit la voix de Sancho, qui, de retour de son message, et ne trouvant pas le curé au lieu désigné pour le rendez-vous, criait de toutes ses forces. Le barbier courut au-devant de lui. « Où êtes-vous donc ? lui dit l'écuyer. Je viens de retrouver monseigneur don Quichotte dans un état digne de pitié : il est en chemise, maigre, jaune, blême, mourant de faim. J'ai eu beau lui répéter que madame Dulcinée lui commandait de revenir au Toboso, mon maître m'a répondu que certainement il ne reparaîtrait point devant elle avant d'avoir fait quelque action éclatante qui pût lui mériter sa grâce. Ma foi, voyez à le tirer de là promptement; car, pour peu qu'il y reste, il court de grands risques de n'être jamais empereur. »

Tandis que maître Nicolas rassurait Sancho, le curé contait à la jeune femme, qui s'appelait Dorothée, ce qu'il avait imaginé pour ramener chez lui don Quichotte. L'aimable Dorothée offrit aussitôt de jouer le rôle de la dame affligée; elle connaissait fort bien le style des livres de la chevalerie, et d'ailleurs elle était charmée de faire quelque chose qui fût agréable au curé. Celui-ci accepta son offre. Dorothée prit le paquet de hardes qu'elle portait avec elle et alla se parer d'un riche corsage, d'une jupe brodée et d'une mante de soie verte. Quelques bijoux, quelques pierres précieuses qui brillaient à ses oreilles et à son col rehaussaient sa toilette. Sancho la considérait de tous ses yeux, et s'en vint demander au curé qui était cette belle dame. « Mon ami, répondit le curé gravement, c'est seulement l'héritière en ligne directe du grand royaume de Micomicon. D'après la glorieuse réputation dont votre maître jouit en Guinée, cette princesse s'est mise en route pour le chercher, et vient lui demander vengeance d'un certain géant qui l'a détrônée ; ce n'est que cela, mon frère Sancho. — J'en suis bien aise, répondit l'écuyer; je vous réponds qu'elle n'aura pas perdu son voyage ! mon maître lui assommera son coquin de géant, pourvu que ce ne soit pas un fantôme ; car nous ne brillons pas contre les fantômes. Mais ensuite, monsieur le curé, je vous serai fort obligé d'engager monseigneur don Quichotte à se décider un peu promptement à épouser cette belle dame, dont je ne sais pas encore le nom. — Elle s'appelle la princesse Micomicona, parce qu'elle est du royaume de Micomicon. »

Pendant cette conversation, Dorothée était montée sur la mule du curé; maître Nicolas, ayant quitté son déguisement, monta sur la sienne. Le curé, qui n'était plus nécessaire, et qui voulait rester avec Cardenio, dit à Sancho de guider la princesse et lui recommanda sur toutes choses de ne point parler de lui ni du barbier, en l'assurant que s'il n'était discret, son maître ne deviendrait point empereur. Sancho promit le silence, et l'on se mit en chemin.

Au bout de trois quarts de lieue, ils aperçurent, au milieu des rocs, don Quichotte debout, mais non couvert de ses armes. Dorothée, en le voyant, fit doubler le pas à son palefroi. Dès qu'elle fut près du chevalier, le barbier, qui s'était affublé de la barbe de queue de bœuf, descendit, et prit dans ses bras la princesse, qui sur-le-champ courut se mettre à deux genoux devant le héros de la Manche. Celui-ci fit de vains efforts pour la relever. « Non, valeureux chevalier, dit-elle, je ne quitterai point cette situation, qui convient trop à mon infortune, avant que votre courtoisie ait daigné m'accorder un don. J'ose lui répondre d'avance que cette faveur, que je viens chercher des extrémités de la terre, ne pourra qu'ajouter encore à votre gloire immortelle. — Très belle dame, lui dit don Quichotte, je suis irrévocablement décidé à ne point vous écouter que vous ne soyez debout. — Cette résolution est triste pour moi, seigneur, car je suis fermement résolue à ne pas me relever que je n'aie obtenu ce que je demande. — Eh bien, madame, je vous l'octroie, pourvu cependant que vous n'exigiez rien qui soit contraire aux intérêts de mon roi et de ma patrie.

— « Apprenez donc, chevalier magnanime, reprit alors Dorothée, ce que j'attends de votre valeur. Je demande que dès ce moment vous m'accompagniez partout où je voudrai vous conduire, et que vous n'entrepreniez aucune aventure avant de m'avoir vengée du traître qui, contre toutes les lois, a usurpé mes Etats. — Madame, je confirme mon don : bannissez la sombre tristesse qui semble obscurcir vos attraits, rappelez votre courage, soyez sûre que dans peu, ce bras, si terrible aux méchants, vous rétablira sur le trône de vos antiques et nobles aïeux. Et partons à l'heure même : un moment perdu pour la gloire ne se répare jamais. »

La princesse voulut alors baiser les mains de son chevalier : don Quichotte était trop poli pour le souffrir ; il donna l'ordre à Sancho de lui apporter ses armes et de seller Rossinante. Sancho courut détacher les armes, qui étaient pendues au tronc d'un chêne. Notre héros s'en revêtit, et voulut se mettre en route sur-le-champ. Le barbier, toujours à genoux, n'osait ni parler ni se remuer, de peur que sa barbe, mal attachée, ne vînt tout à coup à tomber. Dès qu'il vit don Quichotte à cheval, il se hâta d'aider Dorothée à remonter sur sa mule, et la suivit sur la sienne. Seul Sancho marchait à pied, en donnant de nouveaux soupirs à la mémoire de son âne.

Cardenio et le curé, cachés derrière des halliers, voyaient venir nos voyageurs, et ne savaient comment les joindre. Le curé, qui avait l'esprit inventif, coupa sur-le-champ avec ses ciseaux la barbe de Cardenio, lui donna son habit, son manteau noir, et par ce moyen le changea tellement, qu'il n'était plus reconnaissable. Demeuré lui-même en simple gilet, il partit avec son compagnon pour aller par un sentier plus court rejoindre le grand chemin ; et justement il s'y trouva comme don Quichotte sortait des montagnes. En apercevant notre héros, le curé feignit une grande surprise, s'arrêta, le considéra quelque temps, et tout à coup s'avança vers lui, les bras ouverts, en s'écriant : « Je ne me trompe point, c'est vous, mon brave compatriote, don Quichotte de la Manche, l'appui, le défenseur des opprimés, le miroir de la chevalerie, la fleur, la gloire des héros errants ! » Don Quichotte, étonné d'abord, finit par le reconnaître et voulut aussitôt descendre pour lui céder son cheval. « Non, seigneur, dit le curé, que votre grandeur demeure sur la selle, c'est là qu'elle travaille pour la renommée. Si le respect que vous témoignez pour ma qualité d'ecclésiastique engage quelqu'un de votre honorable compagnie à me recevoir en croupe, je me trouverai trop heureux de suivre ainsi votre seigneurie. » A ces mots maître Nicolas, sans attendre qu'on le lui dît, quitta promptement sa mule, et vint l'offrir à M. le curé, qui l'accepta.

On continua de marcher ; mais don Quichotte rompit bientôt le silence.

« Vous m'avez promis, dit-il à Dorothée, de m'instruire de vos malheurs, de m'apprendre de quels ennemis mon épée doit vous délivrer. — Je vous dois ce récit, seigneur, lui répondit-elle, et je suis prête à vous satisfaire. »

Alors le curé, le barbier, Cardenio, Sancho lui-même, qui de plus en plus s'intéressait à la princesse, s'approchèrent pour mieux entendre. Dorothée, après s'être arrangée sur sa selle, après s'être mouchée et avoir toussé avec une grâce infinie, commença ce touchant récit.

CHAPITRE XXIII

COMMENT L'AIMABLE DOROTHÉE RACONTA QU'ELLE AVAIT PERDU SA COURONNE.

« Mon père, souverain paisible du grand empire de Micomicon, s'appelait Tinacrio le Savant. On l'avait ainsi surnommé, parce qu'il était fort habile dans la magie. Il découvrit par son art que la reine ma mère, nommée Xaramille, devait mourir avant son époux, et que lui-même bientôt me laisserait orpheline. Ce qui lui causait le plus de chagrin, c'est qu'il connut en même temps, par ses lumières surnaturelles, que mes États seraient envahis par un effroyable géant, roi d'une grande île voisine, et nommé Pandafilando des yeux louches, parce qu'en effet, quoique ses yeux soient droits, il regarde toujours de travers pour inspirer plus de frayeur. Mon père prévoyait encore que je pouvais éviter le malheur de me voir chassée de mon empire, si je voulais épouser Pandafilando ; mais il était bien sûr que pour rien au monde je ne me résoudrais à devenir la femme de ce géant, ni d'aucun autre, quelque grand qu'il fût. Tinacrio me conseilla donc de fuir aussitôt qu'il serait mort, de m'embarquer pour l'Espagne, où je trouverais le seul guerrier capable de me défendre ; il ajouta que ce héros, mon vengeur, s'appellerait don Gigotte, ou Quichotte, et qu'il devait être grand de taille, maigre et sec de visage. »

Au même instant on vit sur la route un homme qui paraissait être un bohémien, monté sur un âne gris. Sancho, dont le cœur palpitait toujours dès qu'il apercevait un âne, eut à peine considéré celui-ci, qu'il crut reconnaître le sien. Ce qui confirma ce soupçon, c'est que le prétendu bohémien était le même qui l'avait volé dans la Sierra-Morena, et qui s'appelait Ginès de Passamont. « Ah ! coquin de Ginésille, lui cria notre écuyer, rends-moi mon bien, rends-moi ma vie, ce que j'ai de plus cher au

monde, mon amour, ma seule joie ; rends-moi mon âne, voleur ! »
Ginès, qui reconnut Sancho, et qui le vit si bien accompagné, ne
se le fit pas dire deux fois ; sautant aussitôt par terre, il s'enfuit à
travers les champs. Sancho était déjà près de son âne ; il l'embrassait, le baisait avec des larmes de tendresse : « Te voilà
donc, lui disait-il, mon compagnon, mon ami ! comment t'es-tu
porté, mon enfant? comment as-tu pu vivre sans moi? ô le bien-aimé de mon cœur ! » L'âne se laissait caresser sans répondre une
seule parole. Tout le monde partagea la joie de Sancho, et don
Quichotte l'assura qu'il n'en aurait pas moins les trois ânons
donnés par la lettre de change. Quand les transports de l'écuyer
furent calmés, son maître lui ordonna de monter sur son âne et
de ne pas s'attarder plus longtemps.

Ils marchaient depuis longtemps déjà, lorsque le barbier leur
cria de s'arrêter, parce qu'ils avaient envie de se rafraîchir à une
fontaine voisine. On s'assit autour de la fontaine, où l'on dîna,
tant bien que mal, des provisions qu'avait le curé.

CHAPITRE XXIV

ARRIVÉE A L'HÔTELLERIE.

Le dîner achevé, l'on se remit en route, et l'on arriva le lendemain sans aventure à la fameuse hôtellerie si redoutée par Sancho,
qui ne put éviter d'y entrer. L'aubergiste, sa femme, sa fille et l'aimable Maritorne, en reconnaissant don Quichotte, s'avancèrent
au-devant de lui. Le chevalier les reçut gravement, et leur recommanda de lui donner un meilleur lit que la dernière fois. On lui
répondit que, pourvu qu'il payât mieux, il serait traité comme un
prince, et sur-le-champ on lui arrangea la même chambre qu'il
avait occupée. Notre héros, qui se trouvait fatigué, ne tarda pas
à se coucher et à dormir.

Pendant ce temps, la femme de l'aubergiste se disputait avec maître Nicolas, qu'elle avait pris par sa fausse barbe en criant de toutes ses forces : « Par la mardi ! vous me la rendrez, ma bonne queue de bœuf, que nous cherchons depuis trois jours. » Le barbier défendait sa barbe, et la querelle devenait vive, lorsque le prudent curé vint mettre la paix en conseillant à maître Nicolas de quitter son déguisement devenu désormais inutile, puisqu'on dirait à don Quichotte que la princesse avait envoyé son écuyer annoncer dans son royaume l'arrivée du libérateur. La barbe fut alors rendue, ainsi que les habits que l'hôtesse avait prêtés.

On s'occupa du souper ; tandis qu'on le préparait, Dorothée, Cardenio, le curé, racontèrent à l'aubergiste et à sa femme tout ce qu'il avait fallu faire pour ramener don Quichotte avec eux. Le curé déplorait l'étrange folie de ce pauvre gentilhomme, qui, plein d'esprit et de sens sur tout ce qui n'était pas la chevalerie, avait eu la tête tournée par les maudits romans qu'il avait lus. « Vous m'étonnez, monsieur le curé, lui répondit l'aubergiste ; ces livres, dont vous dites tant de mal, font le bonheur de ma vie. Dans le temps de la récolte, les moissonneurs se rassemblent ici les jours de fête ; nous nous mettons en cercle plus de trente ou quarante, et nous écoutons avec délices la lecture de ces histoires de chevaliers. Nous ne nous en lassons point : ces grands coups d'épée nous charment, et nous passerions la nuit entière, sans nous en apercevoir, à entendre ces beaux récits.

CHAPITRE XXV

ÉPOUVANTABLE COMBAT OU DON QUICHOTTE EST VAINQUEUR.

A ce moment Sancho, tout effrayé, sortit du grenier où couchait don Quichotte, en criant : « Au secours, messieurs ! au secours ! mon maître livre en ce moment la plus terrible bataille où jamais il se soit trouvé. Par ma foi ! il vient d'appliquer un si furieux coup d'épée au géant de madame la princesse, qu'il lui a coupé la tête comme un navet. — Que dites-vous donc ? répondit le curé en laissant là sa nouvelle ; le géant dont vous parlez est à deux mille lieues d'ici. » En même temps on entendit don Quichotte qui s'écriait dans sa chambre : « Arrête, arrête, malandrin, voleur, scélérat, infâme ; je te tiens enfin, je te tiens ; ton cimeterre ne peut te sauver. » En disant ces mots, il s'escrimait contre les murailles. « Oh ! c'est une affaire finie, reprit Sancho, le coquin est à présent à rendre compte à Dieu de sa mauvaise vie ; j'ai vu couler son sang dans la chambre comme une rivière rouge, et rouler d'un autre côté sa tête, qui est grosse au moins comme une outre. — C'est fait de moi ! s'écria l'aubergiste en se frappant la tête de ses mains ; je gage que don Quichotte, ou don diable, a donné quelque coup d'épée à des outres de vin rouge que j'ai mises dans ce grenier, et que c'est mon pauvre vin que cet imbécile a pris pour du sang. »

Tout le monde courut avec de la lumière à la chambre de notre héros. On le trouva nu en chemise ; cette chemise, assez courte par devant, l'était encore plus par derrière. Juché sur ses longues et maigres jambes, il avait sur la tête un bonnet jadis rouge, que l'aubergiste lui avait prêté, autour du bras gauche une couverture que Sancho connaissait trop bien. Dans cet équipage, l'épée à la main, les yeux ouverts, comme s'il veillait, il se démenait dans sa chambre en rêvant qu'il combattait le géant, et frappant de toutes ses forces, ainsi que l'aubergiste l'avait deviné, sur les malheureuses outres, dont le vin rouge ruisselait à flots autour de lui. L'aubergiste, à ce spectacle, voulut se jeter sur le chevalier ; Cardenio et le curé le retinrent. On fit d'inutiles efforts pour réveiller notre héros ; on n'en put venir à bout qu'avec un grand seau d'eau fraîche que le barbier alla chercher et lui jeta sur le corps.

Pendant ce temps, le pauvre Sancho allait, venait, se baissait, regardait sous les lits, dans les coins, cherchant partout la tête du géant. « Dans cette chienne de maison, s'écria-t-il avec colère, on ne peut compter sur rien, tout se fait par enchantement. J'ai vu rouler cette tête, je l'ai vue de mes deux yeux, au milieu du sang qui coulait tout comme d'une fontaine ; et le diable l'a emportée, je ne la trouve plus à présent. — De quel sang parles-tu donc, ennemi de Dieu et des saints ? lui répondait l'aubergiste. Ne vois-tu pas, larron que tu es, que ton sang et ta fontaine ne sont autre chose que mon vin, dans lequel nage tout ce grenier ? Que puisse nager ainsi ton maudit maître dans l'enfer ! — Tout cela est bel et bon, disait Sancho ; mais j'ai vu rouler cette tête, et faute de la retrouver, j'en serai pour mon duché. »

Don Quichotte, enfin réveillé, jetait autour de lui des yeux de surprise. Tout à coup il tombe aux pieds du curé : « Madame, dit-il, Votre Altesse n'a désormais rien à redouter, votre persécuteur n'est plus ; ce bras, avec l'aide de Dieu, vient de lui faire mordre la poussière. — Vous l'entendez, s'écriait Sancho : il est dans le sac, le géant : à demain la noce ; et mon petit royaume ! — Fils de Satan, reprenait l'aubergiste, je t'en donnerai de petits royaumes, si tu comptes t'en aller comme la dernière fois ; je te jure bien que ton maître et toi vous me paierez mon vin jusqu'à la dernière goutte. — Oui, sûrement, ajoutait sa femme avec une voix glapissante qui perçait au milieu de toutes les autres ; depuis que ces bandits-là sont venus dans notre maison, nous en sommes pour un souper, pour notre avoine, notre paille, notre queue de bœuf qu'on nous a gâtée, et notre bon vin qu'ils ont répandu ; mais ils le paieront comptant, j'en jure par les os de mon père. » La fille de l'aubergiste, sans rien dire, souriait, et la bonne Maritorne accompagnait de toutes ses forces les criailleries de sa maîtresse.

Le curé parvint à ramener la paix en obtenant de don Quichotte qu'il voulût bien se remettre au lit, et promettant à l'aubergiste de lui payer tout le dégât. Dorothée consola Sancho, et l'assura que, quoiqu'il eût perdu la tête du géant, il n'en aurait pas moins son petit royaume, qu'elle le lui choisirait elle-même, l'arrangerait, le meublerait de manière qu'il en serait content.

La tranquillité fut ainsi rétablie, et la nuit s'acheva paisiblement.

CHAPITRE XXVI

ENCHANTEMENT DE NOTRE HÉROS.

Le lendemain, don Quichotte, se voyant libre et débarrassé de toute querelle, ne tarda pas à se reprocher cette oisiveté coupable. Il alla se mettre à genoux devant Dorothée : « Illustre infante, dit-il, vous n'ignorez pas que, surtout à la guerre, la diligence est la mère du succès. Pourquoi vous arrêter si longtemps dans ce château ? Votre ennemi le géant profite peut-être des heures qui volent pour s'établir dans quelque forteresse inexpugnable, pour nous préparer une résistance que mon bras même aura peine à vaincre. Hâtons-nous, madame, de le prévenir : partons, partons dès ce moment, et ne retardons plus la victoire, qui m'appelle et qui me sourit. — Seigneur, répondit l'infante, après l'avoir fait relever, l'impatience que vous me témoignez est digne de votre grand cœur : elle présage vos triomphes, elle augmente ma reconnaissance. Commandez ; j'ai remis mon sort à votre valeur, et ma personne à votre sagesse. — Cela étant, mon ami Sancho, cours vite seller Rossinante et le palefroi de la reine. Nous allons nous mettre en chemin. »

Sancho, présent à ce discours, ne se pressait pas d'obéir ; il répond en branlant la tête : « Monsieur, monsieur, dans le village on ne sait pas tout ce qui se passe ; soit dit sans offenser les coiffes. — Eh ! que se passe-t-il dans le village, reprit vivement dont Quichotte, qui puisse atteindre jusqu'à moi ? — Oh ! si votre seigneurie se fâche, je n'en suis plus, et je me tais. — Allons ! dis ce que tu voudras. Tu trembles, je le vois bien, des périls que nous allons courir, et tu espères m'épouvanter ? — Non, monsieur, il ne s'agit point de périls ; il s'agit que cette belle dame qui se dit reine de Micomicon ne l'est pas plus que défunte ma mère. Monsieur, ajouta-t-il d'un ton sévère, je me crois obligé de vous avertir de cela par la raison qu'après avoir bien couru pour elle, après nous être fait assommer pour son service, il ne sera point agréable de ne pas recueillir le fruit de notre travail. Je pense donc qu'il n'est point pressé d'aller seller Rossinante et le palefroi de madame, que nous ferons tout aussi bien de rester ici à nous divertir, en laissant chacun filer sa quenouille, et buvant et mangeant de notre mieux. »

Où sont les crayons, où sont les paroles qui pourraient peindre ou exprimer l'épouvantable colère dont fut transporté don Quichotte ? Immobile, pâle de fureur, les sourcils froncés, les joues enflées, lançant des flammes par les yeux, il frappe fortement du pied, considère, toise Sancho dans un effrayant silence, et tout à coup s'écrie : « Va-t'en, sors de ma présence, monstre souillé de tous les vices, cloaque impur de mensonge, de malice, de calomnie, de noirceur, d'audace, coupable contre les personnes royales : sors ; n'attends pas ton châtiment. » Le pauvre Sancho courut se cacher. Dorothée, qui s'était remise, voulut apaiser don Quichotte : « Seigneur, dit-elle, pardonnez à votre bon écuyer ; il a peut-être moins de tort que vous ne pensez ; sa simplicité, sa candeur, sont de sûrs garants qu'il est incapable d'imaginer des calomnies aussi graves ; sans doute il les croit le premier. Daignez réfléchir que dans ce château rien n'arrive que par enchantement : quelque prestige aura fasciné les yeux de l'honnête Sancho, qui n'a pas perdu mon amitié, quoique j'aie perdu de son estime. — Par le Tout-Puissant ! répondit don Quichotte, votre grandeur l'a deviné ; cette maison est pleine de lutins ; quelque détestable vision aura fait dire à ce malheureux ce que nous devons oublier à jamais. Il n'est pas méchant, je vous en réponds, et la calomnie lui est inconnue. — Pardonnez-lui donc, ajouta Cardenio, et daignez le faire rentrer au giron de vos bonnes grâces. » Don Quichotte assura qu'il n'était plus fâché. Le curé ramena Sancho, qui demanda pardon à genoux, baisa la main de son maître, et convint que dans ce château rien n'était vrai, rien n'était certain, excepté pourtant lorsqu'on bernait les écuyers.

Deux jours s'étaient écoulés : toute l'illustre compagnie s'occupait de quitter l'auberge et d'éviter à Dorothée la peine de reconduire don Quichotte à son village. On imagina pour cela de faire une grande cage, où, dans des barreaux de bois, notre héros pût tenir à l'aise : cette cage devait être placée sur une longue charrette à bœufs. Quand tout fut prêt, Cardenio et ses amis se couvrirent le visage de masques, se déguisèrent en lutins, allèrent saisir don Quichotte au milieu de son sommeil, lui attachèrent les pieds et les mains, et l'enfermèrent dans la cage. Notre héros, éveillé, voyant ces figures étranges, sentant qu'il ne pouvait se mouvoir, ne douta point que ce ne fussent des fantômes, et se crut pour cette fois véritablement enchanté. Les lutins, après avoir fermé la porte de la cage avec des clous, enlevèrent le captif, et portèrent la cage sur la charrette, et on partit.

L'ordre de la marche fut ainsi réglé : le conducteur de bœufs allait en avant ; ensuite venait la charrette ; derrière elle, Sancho Pança, monté sur son âne, tirait après lui Rossinante, et derrière Sancho, maître Nicolas et le curé, masqués, réglaient doucement le pas de leurs mules sur les pas tardifs des bœufs. Don Quichotte, assis dans la cage, les mains attachées sur son estomac, les pieds étendus en avant, gardait un profond silence, se tenait roide, grave, droit, immobile comme une statue.

Le lendemain, au milieu du jour, on arriva dans le village de don Quichotte. C'était un dimanche : tous les paysans, rassemblés sur la grande place, environnèrent la charrette, reconnurent avec surprise leur compatriote et l'accompagnèrent jusqu'à sa maison, où les petits garçons avaient déjà couru annoncer son arrivée. La gouvernante et la nièce se hatèrent de sortir ; et voyant don Quichotte pâle et tristement couché sur du foin, se mirent à jeter des cris perçants. La femme de Sancho Pança, du plus loin qu'elle aperçut son mari, vint à lui tout essoufflée en lui demandant si l'âne était en bonne santé. « Oui, oui, répondit l'écuyer, l'âne se porte mieux que son maître. — Dieu soit loué ! reprit Thérèse. A présent, dis-moi, mon ami, si tu as fait de bonnes affaires, si ton écuyerie t'a beaucoup valu. Me rapportes-tu une belle robe, de jolis souliers pour nos enfants ? Voyons tout cela. — Patience, patience, ma femme ! tu auras le temps d'admirer tout ce que je te rapporte. — Ah ! mon pauvre ami, que j'en suis impatiente ! et que je t'ai regretté souvent depuis un siècle que tu m'as quittée !
— C'est bon, Thérèse, c'est bon ; je t'ai regrettée aussi ; mais il faut bien travailler à sa petite fortune. Aussi, encore un voyage comme celui que je viens de faire, et tu peux être sûre de te voir comtesse ou gouverneuse de quelque île ! — Gouverneuse, mon ami ! je ne sais pas ce que c'est, mais cela doit être bon. — Diable ! si c'est bon ! je le crois ; à la vérité, c'est cher ; avant d'être là, il faut recevoir une incroyable quantité de coups de bâton ; quelquefois même on est berné. A cela près, ma chère amie, c'est une très agréable chose que le métier d'écuyer errant, et je t'assure qu'il y a du plaisir à courir les aventures.

Pendant cette conversation, la gouvernante et la nièce avaient porté don Quichotte dans sa chambre où elles l'avaient mis au lit. Le curé leur recommanda d'en avoir le plus grand soin, surtout de veiller avec attention à ce qu'il ne s'en allât plus. Les pauvres filles promirent qu'elles sauraient bien l'en empêcher ; mais cette promesse fut vaine : don Quichotte, à peine guéri, leur échappa de nouveau. Ce qu'il y a de malheureux, c'est que l'auteur de cette histoire, malgré les peines, les soins qu'il s'est donnés pour être instruit de cette troisième sortie n'a jamais pu venir à bout de s'en procurer les détails. On sait seulement dans la Manche, par une tradition populaire, que don Quichotte fut à Saragosse, où l'on célébrait des joutes, et que là notre chevalier fit des actions dignes de lui. La fin de sa vie, sa mort, le lieu de sa sépulture, seraient absolument ignorés sans un vieux médecin qui, dans les décombres d'un ermitage, découvrit une caisse pleine de parchemins écrits en lettres gothiques. Sur une lame de plomb qui recouvrait cette caisse, il lut des vers castillans, presque effacés, en l'honneur de don Quichotte, de Rossinante et du fidèle Sancho Pança. Ces noms fameux lui donnèrent l'espoir que les parchemins contenaient la suite des aventures du héros. Il consacra des années à déchiffrer ces vieux manuscrits. Il en vint à bout ; et c'est à lui que le public doit la seconde partie, qu'il va lire, de cette intéressante histoire.

FIN DE LA PREMIÈRE PARTIE.

DEUXIÈME PARTIE

CHAPITRE PREMIER

COMMENT SE CONDUISENT AVEC DON QUICHOTTE LE CURÉ ET LE BARBIER.

Cid Hamet Benengeli raconte, au commencement de cette seconde partie, que le curé et le barbier furent près d'un mois sans voir don Quichotte, de peur de lui renouveler le souvenir des choses passées. Ils n'en visitaient pas moins sa nièce et sa gouvernante, leur recommandant toujours de veiller sur le malade, de ne lui donner que des aliments sains, nourrissants, propres à fortifier son estomac et sa tête. Les pauvres filles suivaient cet avis avec une scrupuleuse attention ; elles commençaient même à se flatter, d'après la tranquillité de leur maître, qu'il avait repris sa raison. Cette nouvelle engagea ses deux amis à lui faire visite, après s'être donné parole de ne point parler de chevalerie et d'éloigner tout ce qui pouvait rouvrir une cicatrice si fraîche et si tendre.

Ils allèrent donc chez le bon voisin, qu'ils trouvèrent assis dans son lit, vêtu d'une camisole de laine verte, la tête couverte d'un bonnet rouge ; et si maigre, si décharné, qu'il ressemblait à une momie. Ils furent parfaitement reçus, demandèrent à don Quichotte des nouvelles de sa santé : celui-ci leur en rendit compte avec tout le sens possible, et la conversation s'étant engagée sur les affaires d'État, chacun à son tour gouverna l'Espagne, réforma les abus, établit des lois, détruisit et recréa tout d'une manière parfaite. Don Quichotte parla si bien, que ses deux amis ne doutèrent plus qu'il n'eût recouvré tout à fait sa raison. Le curé fut si satisfait qu'il crut pouvoir essayer de toucher de loin à la chevalerie.

Cette conversation, qui divertissait le curé, fut tout à coup interrompue par des cris qu'on entendit à la porte.

CHAPITRE II

VISITE DE SANCHO PANÇA.

Ces cris venaient de la gouvernante et de la nièce, qui, après avoir quitté l'entretien, voulaient empêcher Sancho de voir son maître. Sancho insistait pour entrer. « Que demande ce fainéant? disaient les deux filles ensemble. Retournez chez vous, mon ami, sans venir débaucher notre maître et le mener ensuite courir les champs. — Gouvernante du diable! répondit Sancho, c'est bien lui qui m'a débauché, en me promettant une belle et bonne île, dont je n'ai pas reçu le premier sou. — Ah! ce sont des îles qu'il te faut ; on t'en donnera, maudit gourmand ; c'est pour toi que les îles sont faites! — Pour moi comme pour un autre ; je la gouvernerais mieux que vous, quoique vous en ayez bien l'âge. — Que veut dire cet impertinent! Va gouverner ta maison, imbécile ; va labourer ton champ, paresseux, et laisse en paix les îles et nous. »

Don Quichotte, qui était accouru au bruit avec le barbier, ordonna qu'on fît entrer Sancho. Ses deux voisins alors prirent congé de lui et s'en allèrent, persuadés qu'il n'y avait point d'espoir de guérison. Dès que le maître et l'écuyer se virent ensemble, ils s'enfermèrent, et don Quichotte dit à Sancho : « Je suis affligé, mon ami, de t'avoir entendu dire tout à l'heure que c'était moi qui t'avais débauché : ce terme n'est pas convenable. Nous nous sommes mis en campagne ensemble, nous avons couru la même fortune : si l'on t'a berné une fois, je n'ai pas laissé, dans cent occasions, de recevoir aussi quelques désagréments. Nous n'avons rien à nous envier, et nous devons surtout éviter de nous plaindre l'un de l'autre. Souviens-toi de cette leçon, et parlons à présent d'autre chose.

« Que dit-on de moi dans le village ? Que pensent les chevaliers, les gentilshommes, le peuple, de ma vaillance, de ma courtoisie, de mes exploits ? Approuve-t-on les efforts que j'ai faits pour ressusciter la chevalerie ? Instruis-moi de tout, Sancho, avec la franchise d'un bon serviteur, et ne me traite point comme ces princes à qui, pour le malheur des peuples, on déguise la vérité.

— « Monsieur, répondit l'écuyer, puisque vous voulez tout savoir, je vous dirai sans dorer la pilule ; mais il faut que vous me promettiez de ne vous fâcher de rien. — Je te le promets : parle librement. — Vous saurez d'abord que presque tout le monde s'accorde à vous regarder comme un fou, et l'on ajoute que je ne le suis guère moins : les gentilshommes se moquent de ce que vous avez pris le *don*, et de ce que vous vous êtes fait chevalier avec vos deux arpents de terre. Quant à votre valeur et à vos exploits, les uns disent : C'est un fou assez agréable; d'autres : Il est courageux mais toujours battu ; enfin, monsieur, en totalité, on nous accommode assez mal. — Tu ne m'étonnes point, Sancho ; l'envie attaqua César, Alexandre, et même Galaor : je ne puis me plaindre, si c'est là tout· — Oui, mais ce n'est pas tout. — Que dit-on encore ? Voyons. — Ah ! monsieur, jusqu'à présent je ne vous ai donné que des roses ; mais si vous voulez savoir le reste, j'irai vous chercher, pour vous mettre au fait, un jeune étudiant de Salamanque, le fils de Barthélemi Carrasco, qui n'est arrivé que d'hier, et qui m'a dit une chose bien singulière : c'est qu'on a imprimé votre histoire avec votre nom de don Quichotte de la Manche. J'y suis aussi moi, avec mon propre nom de Sancho Pança : l'on a eu soin d'y fourrer madame Dulcinée du Toboso. L'on y raconte des aventures, des conversations qui ne se sont passées qu'entre nous deux, et qui me font donner au diable pour deviner comment l'historien a pu les savoir. — Je vois d'ici, mon ami, que cet historien est quelque sage enchanteur : tu sais que ces gens-là n'ignorent rien. — Non, ce n'est pas un enchanteur ; le bachelier Samson Carrasco prétend que c'est un Maure, dont je ne me rappelle pas bien le nom. Mais je vais chercher le bachelier. — Tu me feras plaisir, Sancho; je meurs d'impatience d'être instruit de ces détails. »

Sancho sortit aussitôt pour ramener avec lui le bachelier.

CHAPITRE III

ENTRETIEN DE DON QUICHOTTE, DE SANCHO ET DU BACHELIER.

Don Quichotte, en attendant Samson Carrasco, se promenait seul dans sa chambre en se disant : « Comment se peut-il que mes actions soient déjà écrites et imprimées, tandis que mon épée fume encore du sang de ceux que j'ai vaincus ? Est-ce un ami, un ennemi qui s'est hâté si fort de publier mes exploits? Je tremble, non qu'il ait affaibli ma gloire, mais qu'il n'ait compromis celle de Dulcinée en ne disant pas assez combien mon amour vif et pur, qui lui sacrifia tant de reines, tant de princesses, fut toujours contenu dans les bornes de la décence et du respect. Cette seule crainte m'occupe ; le reste m'est indifférent. »

L'arrivée de Carrasco interrompit ces réflexions. Ce bachelier était un petit homme de vingt-quatre ans à peu près, pâle, maigre, avec de grands yeux vifs, le nez épaté, la bouche grande, gai, malin, rempli d'esprit et persifleur de son métier. En entrant chez don Quichotte, il se mit à genoux devant lui : « Permettez, sei-

Don Quichotte, le bachelier Samson et Sancho.

gneur, dit-il, que je baise vos vaillantes mains, que j'honore en votre personne le plus brave, le plus renommé des chevaliers errants passés et futurs. Grâces soient à jamais rendues au savant Cid Hamet Benengeli, qui s'est chargé du glorieux travail d'écrire l'histoire de votre vie, et, par bonheur pour l'Espagne, a trouvé un traducteur digne de l'ouvrage et du héros ! — Il est donc vrai, répondit don Quichotte en faisant relever Carrasco, que mes aventures sont imprimées ? — S'il est vrai, seigneur ! Demandez-le au Portugal, à Valence, à Barcelone, où plus de douze mille exemplaires sont déjà sortis de la presse : il s'en fait dans ce moment une édition à Anvers, et j'ose vous présager que cet ouvrage sera traduit dans toutes les langues de l'Europe. Oui, je soutiens qu'avant peu l'on connaîtra le grand don Quichotte ; on citera comme des modèles son courage dans les dangers, sa constance dans les malheurs, et sa patience extrême dans les disgrâces. — D'après ce que vous dites, ajouta don Quichotte, je n'ai pas une grande idée de mon historien : je gagerais que c'est quelque babillard, sans talent, sans aucun esprit, qui aura farci son livre de platitudes et de niaiseries. — Vous parlez, répondit le bachelier, comme les ennemis de l'auteur ; mais une réponse sans réplique, c'est le succès qu'il obtient. Les enfants, les jeunes gens, les hommes faits, les vieillards, ont tous un égal plaisir à lire l'histoire de don Quichotte : on se la prête, on se la vole, on se l'arrache ; elle est sur toutes les toilettes, dans toutes les antichambres. Enfin elle est si bien connue de toutes les classes de la société, qu'on ne peut voir passer un cheval maigre sans dire aussitôt : Voilà Rossinante ! Il est vrai, malgré ce succès, qu'on a quelques reproches à faire à l'auteur, comme le trop grand nombre d'épisodes, comme d'avoir oublié de nous dire la manière dont fut volé l'âne de Sancho, ce qu'il fit des cent écus d'or trouvés dans la valise de Cardenio, et quelques autres inadvertances. — S'il ne tient qu'à cela, interrompit l'écuyer, je vous satisferai sur ces points, mais cela sera quand j'aurai dîné, parce que je meurs de faim. »

Don Quichotte, après avoir invité Carrasco à ne le pas quitter de la journée, fit ajouter deux pigeons à l'ordinaire. On servit : après le dîner, Sancho donna au bachelier les explications qu'il souhaitait.

CHAPITRE IV

SUITE DE LA CONVERSATION.

« Puisqu'il faut vous conter, dit-il, comment on me vola mon âne, vous saurez qu'après l'aventure des galériens nous arrivâmes, la nuit, dans la Sierra-Morena, au milieu d'un petit bois, où nous résolûmes d'attendre le jour sans descendre de nos montures. Nous étions un peu fatigués de nos batailles ; mon maître s'endormit, appuyé sur sa lance ; j'en fis autant sur mon pauvre âne. Ce coquin de Ginès de Passemont, que nous avions délivré des galères, passa par là pendant mon sommeil : le drôle coupa quatre pieux égaux, sur lesquels il éleva doucement le bât qui me servait de lit. Quand il m'eut suspendu ainsi en l'air, il tira par-dessous mon âne. Je ne m'éveillai que le matin, et comme j'étendais les bras, un des pieux venant à manquer, je tombai par terre, cherchant des yeux et des mains mon fidèle et bon camarade. Quand je m'aperçus qu'on me l'avait pris, je le pleurai tendrement. Si votre auteur ne l'a pas dit, il a tort. Heureusement, quelques jours après, je retrouvai le voleur, et je rentrai en possession de ce que j'aime le mieux au monde.

— « C'est fort bien, répondit Carrasco ; mais qu'avez-vous fait des cent écus d'or ? — Ce que j'en ai fait ? Par Dieu ! j'en ai acheté des cotillons à ma femme et des souliers à mes enfants. Sans cela, vraiment, Thérèse m'aurait joliment reçu : pensez-vous qu'elle m'eût pardonné mon escapade si le ménage n'en avait tiré un peu de profit ? Soyons justes, monsieur le bachelier :

quand vous ne mettriez qu'à trois maravédis pièce chaque coup de bâton que j'ai reçu à la suite du seigneur don Quichotte, les cent écus ne suffiraient pas pour la quittance. Ainsi, point de chicane, s'il vous plaît, sur l'emploi des cent écus : ils sont bien gagnés, je vous en réponds. Vous êtes satisfait à présent sur les deux points qui vous embarrassaient, si l'on a autre chose à me demander, me voici prêt à répondre à tout questionneur, au roi lui-même en personne.

— « J'aurai soin, dit Carrasco, de faire parvenir à l'auteur les explications que vous me donnez, et je ne doute point qu'il ne les mette dans sa seconde partie. — On promet, reprit don Quichotte, une seconde partie? — Seigneur, répondit le bachelier, quoique vous sachiez aussi bien que moi que les secondes parties valent rarement les premières, le public la demande : l'auteur s'en occupe, mais il cherche des matériaux qu'il n'espère guère trouver. — Je gage, interrompit l'écuyer, que cet imbécile de Maure s'imagine que nous allons rester ici les bras croisés. Ah ! vraiment, il nous connaît bien ! Avant peu, s'il plaît au Seigneur, nous lui donnerons de l'occupation, et si mon maître suivait mes avis, déjà nous serions en campagne. »

Comme Sancho prononçait ces paroles, Rossinante hennit dans son écurie. Don Quichotte en tressaillit, et ne doutant point que ce hennissement ne fût un heureux présage, il résolut de partir avant trois jours. Le malin bachelier, qu'il instruisit de son dessein, l'approuva fort, lui conseilla de s'en aller à Saragosse, où devaient se célébrer des joutes pour la fête de saint Georges.

Don Quichotte fit un sourire d'approbation. Le départ fut fixé à peu de jours de là, le secret recommandé sur toutes choses, et nos trois amis se séparèrent.

CHAPITRE V

DISPUTE DE SANCHO AVEC SA FEMME.

Sancho, de retour chez lui, était si gai, si satisfait, que sa femme lui demanda d'où lui venait tant de joie. « Ah ! ah ! répondit-il, Thérèse, je serais encore plus content si je n'étais pas si joyeux. — Je ne vous entends point, mon homme. — Et moi, je m'entends, ma femme ; je suis joyeux de m'en retourner avec monseigneur don Quichotte, et d'avoir l'espoir de trouver une nouvelle centaine d'écus d'or ; mais je serais encore plus content si le bon Dieu nous avait donné assez de bien pour nous passer de cette recherche et m'épargner la douleur de quitter une épouse aussi aimable que vous. Au surplus, ma chère femme, redoublez de soins pour notre âne, augmentez-lui ses rations, visitez et rajustez son bât ; en un mot, que mon équipage se trouve prêt dans trois jours. Ce n'est pas à des noces que je compte aller, c'est à la bataille, madame, à la rencontre des géants, des andriagues, des monstres qui sifflent, crient, rugissent d'une manière épouvantable ; et tout cela ne serait que des roses, si parmi eux ne se rencontraient point des Yangois ou des Maures enchantés. Comprenez-vous ce que je dis ? — A merveille, mon homme, et je tremble déjà des périls que vous allez courir.

— « Madame, ce n'est que par des périls qu'on peut arriver à la gloire et à des gouvernements. — Nous avons besoin, mon ami, que vous y arriviez avant peu, car votre petit Sancho a quinze ans : il est temps qu'il aille à l'école, surtout d'après les projets de son oncle l'ecclésiastique, qui veut le faire d'église. Votre petite Sanchette est en âge d'être établie. — Patience ! patience ! Sanchette sera mariée, mais il faut pour cela que je trouve un gendre digne de moi. — Oh ! mon ami, je vous en prie, que ce soit avec son égal : c'est le plus sûr et le meilleur.

Si vous allez rendre votre fille une grande dame, lui changer ses souliers contre des pantoufles, et son casaquin contre un habit de cour, vous verrez qu'elle fera ou dira quelque sottise qui vous donnera du chagrin. — C'est vous qui êtes une sotte, ma femme; vous ne connaissez point le monde : apprenez que lorsqu'on est riche on ne fait ni on ne dit de sottises. Deux ou trois ans suffisent pour prendre l'air et le ton de la grandeur ; et puis, quand ma fille ne les prendrait pas, pourvu qu'elle soit madame, je m'en moque, entendez-vous ? — Moi, je ne m'en moque point; je ne veux pas qu'un grand dindon de comte ou de marquis, à qui vous baillerez Sanchette, puisse l'appeler paysanne et lui reprocher son cotillon de serge. Non, jarnidieu! mon mari, ce n'est pas pour cela que j'élevai ma fille : chargez-vous de la dot, je me charge de l'établir.

— « A la bonne heure ! répondit Sancho, voilà un arrangement raisonnable. Tu m'enverras mon fils pour que je l'élève selon son rang, et moi je t'enverrai de l'argent pour que tu établisses Sanchette. Vois si cela te convient. — C'est parler, reprit Thérèse, et je ne vais pas à l'encontre, que tu m'envoies beaucoup d'argent. » La paix fut alors rétablie dans le ménage et les deux époux s'embrassèrent.

CHAPITRE VI

ENTRETIEN PARTICULIER DE DON QUICHOTTE ET DE SON ÉCUYER.

Sancho ne tarda pas à retourner chez don Quichotte, et lui demanda un entretien secret, afin de prendre avec lui certaines précautions prudentes. La gouvernante, voyant qu'ils se renfermaient tous deux, ne douta point que ce ne fût pour méditer une troisième sortie. Dans le désespoir que lui causait cette idée, elle résolut d'aller implorer le secours du bachelier Samson Carrasco, pour qu'il détournât don Quichotte de son funeste dessein. Elle prit aussitôt sa mante, courut chez le bachelier, qu'elle trouva se promenant dans la cour de sa maison. « Tout est perdu ! s'écria-t-elle en se jetant en pleurs à ses genoux ; c'en est fait, seigneur Carrasco, mon maître s'en va, mon maître s'en va. — Que dites-vous donc, madame la gouvernante, reprit le bachelier effrayé ; comment ! votre maître se meurt ? — Autant vaut, mon cher monsieur : il veut encore aller chercher les aventures ; ce sera la troisième fois : à la première ils me l'ont ramené moulu de coups de bâton, couché de travers sur un âne ; à la seconde, dans une cage, et si pâle, si faible, si maigre, qu'il m'en a coûté plus de six cents jaunes d'œufs pour le rétablir un peu ; mes poules sont encore vivantes, et peuvent dire si je mens. Jugez, monsieur le bachelier, jugez dans quel état on me le rendra cette fois-ci. — Ne pleurez pas, madame, ne pleurez pas ; nous y trouverons peut-être du remède. Retournez chez vous, préparez-moi à déjeuner ; je vous suis dans un instant, et vous verrez ce que je sais faire.

Pendant ce temps, don Quichotte et Sancho causaient ensemble.

Le bachelier Carrasco, suivi de la gouvernante, arriva dans ce moment. Il court embrasser don Quichotte, et d'une voix élevée : « O fleur de la chevalerie, dit-il, lumière brillante des enfants de Mars, honneur et gloire de la nation espagnole ! puisse le Dieu tout-puissant, qui veille sur les héros, confondre les envieux qui tenteraient de mettre des obstacles à ta troisième campagne ! Puissent leurs projets coupables retourner à leur confusion ! » Regardant alors la gouvernante, stupéfaite de ce début : « Je reconnais que le destin, plus fort que nous, ma chère dame, veut que le grand don Quichotte consacre de nouveau son bras invincible à la défense des opprimés. Si j'apportais le moindre retard à cette mission sublime, ma conscience en serait chargée. Courage donc, brave et beau don Quichotte ! rentrez dès demain, dès aujourd'hui même, dans cette route de l'honneur ; et si quelque chose vous manque, si votre écuyer ne peut vous suivre, me voici prêt à le suppléer. »

Don Quichotte, se retournant alors vers Sancho : « Eh bien ! dit-il, penses-tu que je manquerai d'écuyers ? Tu l'entends, ami ; le voilà, ce fameux bachelier Carrasco, ce favori des muses de Salamanque, cet aigle de nos écoles, le voilà qui veut s'exposer aux intempéries de l'air, à la faim, à la soif, à tous les périls, pour suivre, comme simple écuyer, les traces d'un chevalier errant ! A Dieu ne plaise que j'enlève aux lettres celui qui doit faire leur gloire, et que je prive les sciences de leur digne soutien ! Non, non, seigneur Carrasco ; demeurez dans votre patrie, pour l'illustrer, pour l'éclairer ; je serai content du premier écuyer qui voudra me suivre lorsque Sancho m'aura quitté. — Jamais je ne vous quitterai, reprit Sancho en fondant en larmes ; si vous avez la bonté de vouloir toujours de moi, je ne demande pas mieux que d'aller avec vous. Je ne suis pas de ceux dont on dit : Quand le pain est mangé, bonsoir la compagnie. Tout le monde sait dans notre village que les Pança ne sont point des ingrats. Quand je vous ai parlé des gages, c'était pour plaire à ma femme, qui, lorsqu'elle a quelque chose dans la tête, fait le diable à la maison. Mais voilà qui est fini, je serai le maître une fois. Elle aura beau crier, je crierai plus fort, et je lui montrerai qu'elle est ma femme. Tout est dit, monsieur, je ne demande rien, je me contente de ce testament dont vous m'avez déjà parlé : arrangez seulement la chose de manière qu'on ne puisse revenir là-dessus, et mettons-nous en chemin ; je vous servirai tout aussi bien que M. le bachelier, qui vient là s'offrir on ne sait pourquoi. »

Notre chevalier tendit la main à Sancho, qui la baisa. La réconciliation étant faite, il fut décidé que don Quichotte partirait avant trois jours. Carrasco lui promit un casque qu'un de ses amis possédait. La gouvernante et la nièce eurent beau dire des injures à ce maudit bachelier, s'arracher les cheveux, s'égratigner le visage, don Quichotte et Sancho firent tous leurs préparatifs. Le surlendemain, vers la fin du jour, ils montèrent, l'un sur Rossinante, l'autre sur son âne fidèle, et prirent ensemble la route du village du Toboso. Le bachelier les accompagna quelque temps : lorsque la nuit fut venue, il embrassa notre héros, le pria de lui donner de ses nouvelles, et s'en revint plein de joie annoncer au curé et au barbier que don Quichotte était parti.

CHAPITRE VII

AVENTURE DES TROIS PAYSANNES.

Avant de tenter aucune nouvelle aventure, don Quichotte résolut de se rendre à la cité du Toboso pour adresser ses adieux à la sans pareille, Dulcinée, dame de ses pensées, et il fit part de son projet à Sancho.

Il était environ minuit lorsqu'ils atteignirent un bois situé près de la ville. — « Cachons-nous dans ce bois, dit Sancho, et demain, quand il fera jour, j'entrerai dans la ville, je trouverai le palais de la princesse ; je la verrai et je lui dirai où et comment vous vous trouvez, attendant qu'elle m'indique le moyen pour vous de la voir, sans porter atteinte à son honneur et à sa réputation. » — Don Quichotte accepta le conseil de Sancho, et, le matin venu, il dit à son écuyer : « Va, mon fils, et ne te trouble pas, quand tu verras devant toi la lumière du soleil de beauté que tu vas chercher. » Sancho s'éloigna à pas lents.

A peine fut-il sorti du bois, qu'il tourna la tête ; et n'apercevant plus don Quichotte, il descendit de son âne, s'assit au pied d'un arbre et se mit à se parler ainsi à lui-même : « Sachons un peu, frère Sancho, où va maintenant Votre Grâce. Allez-vous chercher quelque âne que vous ayez perdu ? — Non, certes. — Qu'allez-vous donc chercher ? — Oh ! je vais chercher tout simplement une princesse, et en elle le soleil de la beauté et tous les astres du ciel.

— Et où pensez-vous trouver ce que vous dites, Sancho? — Oh! dans la grande ville du Toboso. — Bien ; et de quelle part l'allez-vous chercher? — De la part du fameux chevalier don Quichotte de la Manche, qui défait les torts, donne à manger à celui qui a soif, à boire à celui qui a faim. — Tout cela est fort bien, mais connaissez-vous la maison de cette princesse ? — Mon maître dit que ce doit être un palais royal, un superbe château. — Et l'avez-vous vue quelquefois, par hasard ? — Ni moi ni mon maître nous ne l'avons jamais vue. — Mais il me semble que ce serait fort bien fait si les habitants du Toboso, sachant que vous êtes ici dans l'intention de séduire leur princesse, vous frottaient les côtes à coups de bâton, sans y laisser place nette. — Sans doute ils auraient raison s'ils ne considéraient pas que je suis un simple envoyé. — Ne vous y fiez pas, Sancho: les Manchois sont aussi colériques qu'honnêtes ; ils sont surtout très chatouilleux. Vive Dieu! si l'on vous sent seulement, vous passerez un mauvais quart d'heure. — Ah ! mais attention ! Est-ce que cela me regarde ? Ai-je besoin, pour faire plaisir à un autre, d'aller chercher trois pattes à un chat? Et d'ailleurs, chercher Dulcinée au Toboso, autant chercher midi à quatorze heures. C'est le Diable, oui, le Diable seul, qui m'a mêlé dans cette affaire. »

Ainsi Sancho se parlait à lui-même et il arriva à cette conclusion: « Allons, allons, poursuivit-il, il y a remède à tout si ce n'est à la mort, sous le joug de laquelle nous devons tous passer, bon gré, mal gré, à la fin de notre vie. Mon maître, j'en ai mille preuves, est fou à lier, et moi, je ne lui cède en rien ; je suis encore bien plus fou, moi qui le sers et le suis, si le proverbe est vrai : Dis-moi qui tu hantes, je te dirai qui tu es ; et cet autre : Non celui avec qui tu nais, mais celui avec qui tu pais. Mon maître est donc fou, et de telle manière que souvent il prend une chose pour une autre, le blanc pour le noir et le noir pour le blanc, comme lorsqu'il disait que les moulins à vent étaient des géants, les mules des religieux, des dromadaires, les troupeaux de moutons, des armées ennemies, et beaucoup d'autres choses semblables ; ainsi, il ne sera pas bien difficile de lui faire accroire que la première paysanne qui passera par ici est madame Dulcinée. S'il ne veut pas le croire, je le jurerai ; s'il jure à son tour, je recommencerai à jurer ; s'il s'obstine, je m'obstinerai davantage. De cette façon j'aurai toujours le dessus, puis arrive qui pourra ; peut-être pensera-t-il, comme je me l'imagine, que quelque méchant enchanteur, de ceux qui sont ses ennemis, aura ainsi changé la figure de sa dame pour le faire enrager. »

Cette idée mit l'esprit de Sancho en repos, et l'affaire lui parut bien arrangée. Cependant, il resta encore assez longtemps dans l'endroit où il se trouvait, pour que don Quichotte pût croire qu'il avait eu le temps d'aller et de revenir. Tout lui réussit si bien que quand il se leva pour remonter sur son âne, il vit venir du Toboso vers l'endroit où il était arrêté, trois paysannes montées sur des ânes ou des ânesses.

Aussitôt que Sancho vit ces paysannes, il s'empressa d'aller rejoindre son maître, qu'il trouva soupirant et faisant mille lamentations amoureuses. — « Eh bien, qu'y a-t-il, ami Sancho ? lui dit don Quichotte en l'apercevant : tu m'apportes de bonnes nouvelles ? — Si bonnes, que Votre Grâce n'a autre chose à faire qu'à éperonner Rossinante, et à sortir dans la plaine pour voir madame Dulcinée du Toboso qui vient vous rendre visite avec deux de ses demoiselles. — Bonté de Dieu ! que me dis-tu là, ami Sancho ? Garde-toi de m'abuser et de vouloir charmer ma tristesse par une fausse joie. — Que me reviendrait-il de vous tromper, quand vous êtes sur le point de découvrir la vérité ? Piquez des deux, seigneur, et venez voir la princesse notre souveraine, vêtue et parée comme elle doit l'être. Ses demoiselles et elle sont tout éblouissantes d'or, de perles, de diamants, de rubis, de toiles de brocart à plus de dix bordures ; elles ont les cheveux épars sur leurs épaules ; on dirait autant de rayons du soleil qui jouent avec le vent. »

En achevant ces mots, ils sortirent du bois et aperçurent près d'eux les trois paysannes. Don Quichotte regardait de tous ses yeux sur le chemin de Toboso ; et, ne voyant que les trois pay-

Don Quichotte et les trois paysannes.

sannes, il se troubla, et demanda à Sancho s'il avait laissé ces dames hors de la ville. — « Comment, hors de la ville ! répondit Sancho ; est-ce que, par hasard, vous avez les yeux derrière la tête, que vous ne les voyez pas venir, resplendissantes comme le soleil en plein midi ? — Je ne vois, Sancho, que trois paysannes sur trois bourriques. — Oh ! que Dieu me délivre maintenant du diable ! Est-il possible que trois haquenées vous paraissent des bourriques ? — Mais je dis, Sancho, qu'il est aussi vrai que ce sont des baudets ou bourriques, qu'il est vrai que je suis don Quichotte et toi Sancho : du moins ils me paraissent tels. — Taisez-vous, seigneur ; ne tenez point un tel discours ; ouvrez les yeux, et venez saluer la dame de vos pensées, qui s'approche. »

En disant ces mots, il s'approcha pour recevoir les trois paysannes, mit pied à terre, prit par le licou l'âne de l'une des trois, et, se jetant à deux genoux, lui dit : « Reine, princesse et duchesse de la beauté, que Votre Hautesse et Votre Grandeur daigne recevoir en grâce et merci ce chevalier, votre esclave, qui est devenu comme une statue de marbre, sans mouvement et sans pouls, de se voir devant votre magnifique présence. Je suis Sancho Pança, son écuyer, et lui, c'est l'errant chevalier don Quichotte de la Manche, autrement appelé le chevalier de la Triste Figure. »

En même temps, don Quichotte s'était également agenouillé près de Sancho ; il regardait avec des yeux égarés et troublés celle que Sancho nommait dame et reine ; et, ne voyant en elle qu'une jeune paysanne assez laide, car elle était camarde et avait le visage bouffi, il restait tout interdit, sans oser ouvrir la bouche. Les paysannes n'étaient pas moins étonnées, voyant ces deux hommes si dissemblables, à genoux, et les empêchaient de passer. Enfin, celle qu'on retenait rompit le silence, et dit tout en colère : « Otez-vous du chemin, et laissez-nous passer ; nous avons hâte. — Princesse et dame universelle du Toboso, répondit Sancho, pourquoi votre magnanime cœur ne se laisse-t-il pas attendrir en voyant agenouillé devant votre sublime présence la colonne et le soutien de la chevalerie errante ? » A ces mots, l'une des deux autres paysannes s'écria : « Viens donc que je t'étrille, ânesse de mon beau père ; voyez comme ces beaux messieurs se moquent des paysannes, comme si nous ne savions pas chanter pouille aussi bien qu'eux. Passez votre chemin, laissez-nous suivre le nôtre, et bonsoir. — Lève-toi, Sancho, dit don Quichotte ; je vois bien que la Fortune n'est pas encore satisfaite de nos malheurs. Et toi, ô la plus grande des perfections que l'on peut désirer, puisqu'un malin enchanteur me poursuit et qu'il a transformé ton incomparable beauté sous l'apparence d'une pauvre paysanne, daigne me regarder doucement ; vois, dans la soumission et le respect que je porte à ta beauté contrefaite, l'humilité de cette âme qui t'adore. — Par mon grand-père ! dit la paysanne, suis-je donc ici pour entendre des balivernes ? Otez-vous de là ; laissez-moi m'en aller, s'il vous plaît. »

Sancho s'écarta et la laissa partir, bien content de s'être ainsi tiré de cette affaire. A peine la villageoise qui avait fait le rôle de Dulcinée se vit-elle libre, que, piquant sa haquenée avec un aiguillon planté au bout d'un bâton, elle la fit courir par la prairie ; mais la bête, se sentant plus excitée par l'aiguillon qu'à l'ordinaire, se mit à faire des ruades, et bientôt jeta par terre madame Dulcinée. Don Quichotte courut pour la relever, tandis que Sancho raccommodait et sanglait le bât qui avait tourné sous le ventre de la bourrique. Le bât remis, don Quichotte voulut prendre dans ses bras sa dame enchantée, pour la remettre sur sa bête ; mais elle lui en épargna la peine : car, après s'être relevée, elle fit quelques pas en arrière, prit son élan, et, posant les deux mains sur la croupe de la bourrique, elle se trouva sur le bât à califourchon comme un homme. « Par saint Roch ! s'écria Sancho, notre maîtresse est plus légère qu'un oiseau : elle pourrait enseigner à monter à cheval aux plus habiles écuyers de Cordoue ou de Mexique. »

C'était vrai, car, Dulcinée étant remontée, elles piquèrent des deux, et ne cessèrent de courir, sans retourner la tête pendant plus d'une demi-lieue. Don Quichotte les suivit des yeux ; et, quand il les eut perdues de vue, il se retourna vers Sancho et lui dit : « Que t'en semble, Sancho ? ne suis-je pas bien maltraité par les enchanteurs ? Vois jusqu'où vont leur malice et leur rancune contre moi, puisqu'ils me privent de la satisfaction de voir ma maîtresse telle qu'elle est. Je suis né pour servir de modèle aux malheureux, de but où frappent les flèches de la mauvaise fortune. »

Le rusé Sancho avait bien de la peine à se retenir de rire en entendant les sottises de son maître, si sublimement abusé.

Enfin, après plusieurs autres discours, ils remontèrent sur leurs bêtes et suivirent le chemin de Saragosse.

CHAPITRE VIII

AVENTURE DU CHAR DE LA MORT.

Don Quichotte, triste et pensif, marchait en réfléchissant à la malice des enchanteurs, lorsqu'il vit tout à coup paraître sur le chemin une charrette découverte, remplie de personnages fort extraordinaires. Celui qui conduisait les mules était un diable hideux. Après lui venait la Mort, sous la figure d'un squelette humain ; un ange, avec de grandes ailes ; un empereur, portant sur sa tête une belle couronne d'or ; à leurs pieds, l'Amour enfant tenait son arc à la main ; un guerrier couvert de ses armes, et d'autres figures non moins singulières. Notre héros, surpris, arrêta son coursier ; Sancho se mit à trembler de toutes ses forces. Bientôt le vaillant don Quichotte se réjouit de ce nouveau péril, et se plaçant devant la charrette : « Charretier, s'écria-t-il, cocher, diable, qui que vous soyez, qui semblez mener la barque à Caron, apprenez-moi qui vous êtes, où vous allez, d'où vous venez.
— Seigneur, répondit le diable, nous sommes des comédiens de campagne : c'est aujourd'hui l'octave de la Fête-Dieu ; ce matin, dans un bourg situé derrière cette colline, nous avons représenté la tragédie des *Etats de la Mort* ; ce soir, nous devons la jouer

encore dans ce village que vous voyez d'ici. Nous avons pensé que ce n'était pas la peine de nous déshabiller, et nous voyageons comme nous voilà, afin d'être tout prêts en arrivant. Cette Mort, que j'ai l'honneur de vous présenter, est un jeune homme très aimable, qui est l'amoureux de la troupe ; la femme de l'auteur fait les reines ; celui-ci les empereurs, cette jeune fille les anges, et moi les diables, à votre service : personnage fort important, et qui mène toutes les intrigues, au théâtre comme dans le monde. — Sur ma parole de chevalier errant, répondit alors don Quichotte, j'avais d'abord cru que c'était quelque grande aventure qui m'était réservée. On a raison de dire qu'il faut se méfier des apparences. Passez, passez, braves gens ; allez jouer votre tragédie, disposez même de moi, si je peux vous être bon à quelque chose ; car dès mon enfance j'aimai le théâtre et ceux qui en font profession. »

Tandis qu'il parlait, un des comédiens, resté en arrière, rejoignit ses camarades. Celui-là était vêtu de diverses couleurs et tout couvert de grelots : au bout d'un bâton qu'il portait à la main étaient attachées trois vessies dont il frappait vivement la terre, et qu'il agitait dans l'air en sautant avec ses grelots. Rossinante eut peur de ce bruit ; pour la première fois de sa vie, il s'avisa de prendre le mors aux dents et d'emporter son maître dans la campagne. Sancho, voulant le ramener, se jette à bas de son âne et court après Rossinante ; le diable aux grelots saute à l'instant même sur l'âne laissé par Sancho, le force d'aller à coups de vessie et vole avec lui vers le village. Pendant ce temps, le pauvre Rossinante ne manqua pas de faire ce qu'il faisait toutes les fois qu'il lui arrivait de s'égayer ; il tomba rudement avec don Quichotte et demeura couché près de lui. Sancho, voyant d'un côté son maître à terre, de l'autre son âne allant au galop, frappé continuellement par les bruyantes vessies, ne savait plus auquel courir. Son bon naturel l'emporta cependant ; ce fut son maître qu'il préféra, malgré les douleurs profondes que lui causait chaque coup de vessie donné sur son âne et qui venait retentir au fond du cœur de Sancho. Inquiet, troublé, désolé, le triste écuyer releva le héros, le remonta sur Rossinante, en lui disant : « Monsieur, le diable emporte mon âne. — Quel diable ? reprit don Quichotte. — Pardi ! celui des vessies. Voyez, ô mon Dieu ! voyez comme il le fait galoper. — Suis-moi, je vais te le faire rendre, fussent-ils déjà tous deux arrivés dans le plus profond de l'enfer. »

Par bonheur, dans ce même instant l'âne et le diable culbutèrent ; et l'âne, libre après sa chute, s'en revint au grand trot vers son maître. « Le voici ! s'écria Sancho, le voici ! Oh ! je m'en doutais, le bon animal ne peut vivre longtemps sans moi. Ce n'est plus la peine de vous fâcher. — Comment ! s'écria don Quichotte, tu penses que je laisserais l'audace de ce diable impunie ? Non, je veux le châtier, fût-ce l'empereur lui-même. — Ne vous y frottez pas, monsieur, il n'y a rien à gagner avec des comédiens. Ceux dont le métier est d'amuser les autres ont toujours tout le monde pour eux, jamais on ne leur donne tort. — N'importe, Sancho ; mon bras me suffit, quand même l'univers combattrait pour eux. »

Il court aussitôt après la charrette, en proférant des menaces terribles. Les comédiens, qui les entendirent et qui le virent s'approcher, se jetèrent promptement à terre, ramassèrent de gros cailloux ; et la Mort, rangeant en bataille l'empereur, l'ange, l'Amour, la reine et le diable cocher, attendit notre chevalier dans une excellente disposition. Don Quichotte, étonné, s'arrêta pour examiner son terrain et voir comment il pouvait attaquer avec avantage ce redoutable bataillon. « Monsieur, lui dit alors Sancho, je vous demande s'il n'y aurait pas plus de témérité que de bravoure à un homme seul de prétendre vaincre une armée commandée par la Mort en personne, et composée d'empereurs et d'anges ? D'ailleurs, dans tout ce monde-là, il n'y a point de chevalier errant. — Tu as raison, Sancho, c'est toi seul que cette affaire regarde. Je dois être simple spectateur, et ne t'aider que de mes conseils. Allons, mon fils, mets l'épée à la main, et va toi-même venger ton âne. — C'est fort bien dit ; mais mon âne et moi nous pardonnons à nos ennemis ; nous sommes bons, pacifiques, doux, et nous oublions les injures. A la bonne heure, chrétien Sancho ; et si ta clémence te porte au pardon, nous ferons bien de laisser ces fantômes pour courir à des aventures un peu plus dignes de nous. »

A ces mots, il tourne bride et poursuit froidement sa route, tandis que la Mort et son escadron, remontés dans la charrette, continuent doucement la leur. Ce fut ainsi que cette épouvantable rencontre, grâce à la prudence de Sancho, n'eut point de suite funeste.

CHAPITRE IX

RENCONTRE DU VAILLANT DON QUICHOTTE ET DE DON DIÈGUE DE MIRANDA.

Notre héros et son écuyer s'arrêtèrent sous de grands arbres pour souper de leurs provisions et attendre le jour suivant.

L'écuyer demanda bientôt la permission de fermer les contrevents de ses yeux : c'était sa manière de dire qu'il voulait dormir. Il alla donc délivrer son âne du bât et Rossinante de sa bride, en lui laissant la selle sur le corps, selon l'exprès commandement de don Quichotte, et revint se livrer au sommeil, après avoir établi les coursiers dans une herbe fraîche et touffue.

L'amitié qu'avaient l'une pour l'autre ces deux excellentes bêtes fut si constante, si tendre, que l'auteur de cette histoire en avait fait le sujet de plusieurs chapitres. Le traducteur n'a pas osé les conserver, par une sorte de respect pour la gravité du fond de l'ouvrage. Il a craint de choquer peut-être le goût délicat de quelques lecteurs, en leur racontant que cet âne et ce pacifique cheval se grattaient quelquefois l'un l'autre, et qu'ensuite Rossinante posait en croix son long cou sur le cou de l'âne complaisant, par delà lequel il passait au moins d'une demi-aune. Ces bons animaux, regardant la terre, se trouvaient si bien dans cette posture, qu'ils y seraient demeurés trois jours, si la faim ne les eût pressés ; aussi l'auteur les compare-t-il souvent à Nisus et à Euryale, à Oreste et à Pylade, seuls exemples de cette amitié si rare parmi les humains, et dont Rossinante et notre âne pouvaient leur donner des leçons. Hélas ! ce ne sont pas les seuls que l'homme recevrait des bêtes : et pour beaucoup d'autres vertus le chien, l'éléphant, la fourmi sauraient nous faire rougir.

Le lendemain, nos héros poursuivaient leur route vers Saragosse, lorsqu'ils furent joints par un cavalier monté sur une belle jument pommelée. Ce cavalier portait un manteau de drap vert, bordé de velours violet, avec un bonnet du même velours ; l'équipage de la jument était de ces deux couleurs. Il était armé d'un sabre mauresque que soutenait un riche baudrier; à ses bottines, semblables au baudrier, étaient attachés des éperons vernis en vert. Tout était propre sans recherche ; et le visage, l'air du voyageur, qui paraissait avoir cinquante ans, ses cheveux gris, son front serein, semblaient inspirer à la fois la confiance et le respect.

En passant près de Don Quichotte, il le salua poliment, et continua son chemin. Notre chevalier l'appela : « Seigneur, dit-il, si vous suivez cette route, et qu'il vous importe peu de marcher moins vite, je serais charmé d'avoir l'honneur de voyager avec vous. » A ces mots, le voyageur ralentit son pas, et se mit à considérer la mine de don Quichotte. Celui-ci venait d'ôter son casque et de le remettre à Sancho, qui le portait à l'arçon de son bât. La figure extraordinaire du chevalier, l'étonnante longueur de son cheval, sa haute taille, ses armes, son visage sec et jaune, causèrent une si grande surprise à l'étranger, que don Quichotte le lut dans ses yeux. « Vous paraissez étonné de me voir, lui dit-il avec un doux sourire ; mais vous cesserez de l'être quand je vous aurai dit que je suis don Quichotte de la Manche, surnommé le chevalier de la Triste Figure. »

Après ces paroles, don Quichotte se tut, et l'étranger, encore plus surpris, ne trouvait rien à lui répondre. Après un assez long silence : « Seigneur chevalier, dit-il, ma franchise ne peut vous cacher que ce que vous venez de me dire, loin de faire cesser mon étonnement, ne sert qu'à l'augmenter. Je ne croyais point qu'il y eût aujourd'hui des chevaliers courant le monde. Malgré mon respect très sincère pour l'occupation si louable de secourir les opprimés, de défendre les veuves et les orphelins, je n'aurais jamais pensé, si je ne le voyais de mes yeux, qu'il y eût des hommes assez vertueux pour consacrer leur vie à ce noble emploi. Je vous en félicite de tout mon cœur. — Permettez-moi, dit don Quichotte, de vous demander à mon tour quel état, quel genre de vie votre goût vous a fait choisir.

— « Seigneur, répondit l'étranger, je dois ces détails à votre politesse. Je suis gentilhomme ; j'habite un village où nous irons dîner aujourd'hui, si vous voulez bien me faire cet honneur. Mon nom est don Diègue de Miranda ; ma médiocre fortune est plus que suffisante pour mes désirs. Je passe ma paisible vie avec ma femme, mes enfants et quelques amis. La chasse et la pêche sont les amusements qui remplissent mes loisirs. Je n'ai ni meute ni équipage : les grands apprêts ne conviendraient point à mes simples délassements. Un héron, une perdrix privée, sont tout ce qu'il me faut et tout ce que je veux. J'ai quelques livres, les uns latins, les autres espagnols : j'en fais comme de mes amis, j'ai soin qu'ils soient en petit nombre. L'histoire m'instruit et m'amuse. Je vais quelquefois dîner chez mes voisins ; je les invite chez moi plus souvent. Dans ces repas toujours abondants, jamais recherchés, je tâche d'égayer mes convives sans me permettre de médire et sans souffrir qu'on y médise de personne. Je ne m'informe point des actions d'autrui, je me borne à veiller sur les miennes ; mes yeux et ma sévérité ne s'étendent point au delà de mon étroit horizon. Attentif autant que je le peux à remplir les préceptes de ma religion sainte, je n'oublie pas surtout de partager mes biens avec les pauvres. Quand j'ai le bonheur de pouvoir donner, je fais en sorte que ce soit un secret entre mon cœur et celui qui reçoit : je sais trop que la vanité détruit le mérite d'une bonne action ; et je me dis que, puisque cette bonne action est un plaisir, ce n'est pas la peine de s'en vanter. Je tâche de remettre la paix entre mes voisins brouillés, de réunir les familles divisées, de leur prouver que le bonheur dans ce monde n'est autre chose que la volonté de s'aider mutuellement. C'est ainsi que je coule mes jours, en attendant avec tranquillité le moment où j'en rendrai compte au souverain Créateur, dont j'espère que la miséricorde surpassera la justice. »

Don Diègue cessa de parler, et Sancho, qui l'avait écouté avec une extrême attention, se jette à bas de son âne, court saisir la jambe du bon gentilhomme, la serre tendrement, pousse des sanglots et se met à lui baiser les pieds. « Que faites-vous donc, mon frère ? lui dit don Diègue surpris. — Ce que je dois, monsieur, répondit Sancho, ce que doivent faire les honnêtes gens qui vous connaîtront. Vous êtes le premier saint en manteau vert que j'aie vu de ma vie. — Je ne suis point saint, mon ami ; je sais trop, hélas ! tout ce qui me manque : votre simplicité vous abuse, et votre humble modestie prouve que vous valez mieux que moi. — Il s'en faut bien, ma foi ! » répond Sancho en s'en retournant à son âne ; et, remonté sur son bât, il essuie avec ses mains les larmes d'attendrissement que don Diègue avait fait couler.

Don Quichotte répondit à don Diègue en fort bons termes, et celui-ci l'écoutait avec plaisir, et se reprochait la mauvaise opinion que lui avaient donnée de son bon sens les premiers discours qu'il avait tenus. Sancho, que cette longue dissertation n'amusait guère, s'était détourné du chemin pour aller demander du lait à des bergers qu'il voyait dans les champs. Le gentilhomme, enchanté de l'instruction, de l'esprit de notre héros, allait renouer l'entretien, lorsque don Quichotte, levant la tête, aperçut devant lui, sur la route, un grand chariot sur lequel flottaient des banderoles aux armes du roi : il ne douta point que ce ne fût une aventure, et, pressé de reprendre son casque, il appelle à haute voix son écuyer. A ses cris Sancho quitte les bergers et revient auprès de son maître au plus grand trot de son âne.

CHAPITRE X

OU L'ON VERRA LA PLUS GRANDE PREUVE DE COURAGE QUE DON QUICHOTTE AIT JAMAIS DONNÉE.

Il faut savoir qu'au moment où notre chevalier appela Sancho, celui-ci venait d'acheter aux bergers une demi-douzaine de fromages tout frais. Pressé par les cris de son maître, ne sachant comment emporter ses fromages, il les mit précipitamment dans le casque du héros, et se hâta d'arriver. « Ami, lui dit don Quichotte, donne-moi mon casque ; ou je ne me connais pas en aventures, ou celle qui se présente exige que je sois bien armé. » — A ces mots, le gentilhomme en manteau vert promena ses yeux le long du chemin, et ne découvrit autre chose que le grand chariot couvert, surmonté de banderoles ; ce qui lui fit penser d'abord que c'était de l'argent pour le trésor royal. Il le dit au chevalier ; mais celui-ci, qu'on ne persuadait pas aisément de ce qu'il croyait une fois, lui répondit qu'il savait bien à quoi s'en tenir ; qu'il avait des ennemis visibles ou invisibles, toujours prêts à l'attaquer sous toutes sortes de formes ; et, brûlant déjà d'être aux mains, il arrache son casque à Sancho, le met promptement sur sa tête, sans prendre garde à ce qu'il contenait ; et, s'affermissant sur ses étriers, il se prépare au combat.

L'extrême chaleur du cerveau de don Quichotte ne tarda pas à fondre les fromages, qui commencèrent à couler en petit-lait le long du front, du nez, des joues de notre chevalier surpris. « Qu'est ceci, dit-il, mon ami Sancho ? le sommet de ma tête semble se ramollir, ma cervelle devient de l'eau ; jamais pareille sueur ne m'inonda si complètement. Oui, je sue en vérité ; ce n'est pas pourtant de terreur ; il faut que ce soit le présage d'une épouvantable aventure. Donne-moi de quoi m'essuyer, Sancho ; mes yeux en sont aveuglés. » L'écuyer, sans dire un mot, lui donna promptement un mouchoir, priant Dieu tout bas que son maître ne s'aperçût pas de la vérité. Mais notre héros ôte son casque ; et tout étonné de voir dans le fond quelque chose qui ressemblait à du lait caillé, il en approche ses narines. « Par les beaux jours de Dulcinée, s'écrie-t-il, mon étourdi, mon traître d'écuyer a rempli mon casque de fromages. — Monsieur, répond Sancho d'un air naïf, si ce sont des fromages, donnez-les-moi, car je les aime beaucoup. Cependant je me garderai d'y toucher. Que le diable les mange, puisque c'est lui qui les a mis là. Ah! vraiment, vous me connaissez bien, d'imaginer que j'irais prendre votre casque pour en faire un pot à fromages ! Non, non, cela ne me ressemble point ; et tout ce que j'en puis conclure, c'est que j'ai sûrement aussi des enchanteurs qui me poursuivent, comme faisant portion d'un chevalier errant. Ces coquins-là ont imaginé cette malice afin que votre seigneurie se mît en colère contre moi et me frottât les épaules ; mais ils seront attrapés, parce que mon bon maître réfléchira que je n'avais point avec moi de fromages, et que si j'en avais eu, ce ne serait pas dans un casque, mais bien dans mon estomac que je les mettrais. »

Don Quichotte, sans répondre, s'essuie le visage et la tête, nettoie son casque, le remet ensuite, baisse sa visière, et serrant sa lance : « Qu'ils viennent, s'écria-t-il, je les attends, je les défie ; je me sens capable à présent de vaincre Satan lui-même. » Le gentilhomme, toujours plus surpris, écoutait, regardait tout, et la voiture aux banderoles arrivait. Elle n'était conduite que par deux hommes, dont l'un était sur les mules, l'autre sur le derrière du chariot. Don Quichotte marche vers eux : « Frères, dit-il, où allez-vous ? Quel est ce char ? que contient-il ? Que signifient ces banderoles ? — Monsieur, répondit le conducteur, cette voiture est à moi ; elle contient deux grandes cages où sont deux lions d'Afrique, que le gouverneur d'Oran envoie à Sa Majesté ; les banderoles, où vous voyez les armes du roi, vous apprennent que le présent est pour lui. — Sont-ils un peu forts, ces lions ? — Si forts, que jamais il n'en vint de pareils en Espagne. J'en ai déjà passé plusieurs ; mais voici les plus beaux que j'aie vus. Le lion est dans cette cage, la lionne dans celle-là : ils n'ont pas encore mangé d'aujourd'hui, et commencent à sentir la faim ; je prie votre seigneurie de ne pas nous retenir davantage. — J'entends, reprit don Quichotte avec un sourire de dédain; c'est-à-dire que l'on me dépêche de petits lions. Ah ! ah ! des lionceaux à moi ! à moi des lionceaux, vraiment ! Ces messieurs sauront tout à l'heure ce que je sais faire des lionceaux. Mon ami, donnez-vous la peine de descendre, ouvrez ces cages, et laissez-moi ces pauvres bêtes ; je serai bien aise d'apprendre aux enchanteurs qui me les adressent ce que c'est que don Quichotte de la Manche. »

Tandis que le conducteur, pétrifié, regardait en silence notre héros, et que don Diègue de Miranda le contemplait avec le même étonnement, Sancho s'approche de ce gentilhomme, les mains jointes, les larmes aux yeux : « Mon bon seigneur, lui dit-il, rien n'est si sûr que ces lions vont nous manger si vous n'empêchez pas mon maître de prendre dispute avec eux. — Votre maître n'est pas si fou, répondit don Diègue, que d'aller attaquer ces animaux terribles. — Vous ne le connaissez pas, monsieur ; il attaquerait l'enfer. — Rassurez-vous, je vais lui parler. » Se retournant alors vers don Quichotte, qui pressait le conducteur d'ouvrir les cages : « Seigneur chevalier, dit-il, ai-je besoin de vous rappeler que la véritable valeur s'accorde toujours avec la prudence ? Les héros les plus intrépides n'affrontent jamais un péril au-dessus des forces humaines. Ce n'est point pour vous attaquer que ces lions ont passé la mer. Je vous réponds qu'ils n'ont là-dessus aucune mauvaise pensée ; ils s'en vont bonnement à la cour se faire présenter à Sa Majesté. Ne les retenez pas plus longtemps, et laissez-les en paix continuer leur route. — Seigneur gentilhomme, répondit don Quichotte, vous vous entendez à merveille à la chasse des perdrix, à la pêche du héron, au gouvernement de votre famille ; moi, je m'entends à la chevalerie ; chacun son affaire, et tout ira bien. Je sais beaucoup mieux que je n'ai l'air de le savoir si ces lions ont quitté l'Afrique pour m'attaquer ou ne pas m'attaquer. Je vais l'éprouver à l'instant. Et toi, coquin de conduc-

L'aventure des lions.

teur, je jure Dieu que si tu n'ouvres ces cages tout à l'heure, cette lance que tu vois va te clouer à ta charrette. »

Le conducteur, effrayé de ces paroles et de l'air dont elles étaient prononcées, supplia notre héros de lui permettre au moins de dételer ses mules, et de sauver ces pauvres bêtes qui faisaient seules toute sa fortune. « Homme de peu de foi, s'écria don Quichotte, ma pitié t'accorde ce que tu demandes. Détele tes mules, et fuis; dans un moment tu verras toi-même l'inutilité de tes précautions.» Le conducteur descendit aussitôt, se hâta de dételer, et regardant encore don Diègue et Sancho : « Messieurs, dit-il à haute voix, je vous prends à témoin que c'est par force que je vais rendre libres ces animaux. De tout le mal qu'ils feront, des frais, des dommages, de la perte de mon salaire, rien ne me doit être imputé, mais bien à ce monsieur qui me contraint. Je vous exhorte à vous mettre en sûreté avant que j'ouvre les cages ; quant à moi, je ne risque rien, parce que les lions me connaissent. » Don Diègue voulut encore essayer de parler à don Quichotte, il ne fut pas écouté. Sancho, les larmes aux yeux, vint le prier, le conjurer de renoncer à cette aventure, auprès de laquelle les moulins à vent, les foulons, les coups d'étrivière ne lui semblaient que des roses. « Monsieur, monsieur, disait-il avec un accent lamentable, prenez garde qu'il n'y a rien ici qui ressemble à de l'enchantement. J'ai vu à travers les barreaux une seule patte de ces messieurs ; je vous réponds, sur ma foi, que, d'après cette patte-là, le lion doit être plus gros qu'une montagne. — Oh ! sans doute, répondit don Quichotte, les lions sont gros quand on a peur. Retire-toi, mon pauvre Sancho : si je péris dans ce combat, tu sais ce que tu dois dire à Dulcinée : depuis longtemps entre nous deux tout est réglé sur ce point. Allons, pars, et finissons. »

Don Diègue, voyant enfin que rien ne pouvait ébranler la résolution de notre chevalier, prit le parti de piquer sa jument et de s'éloigner dans la campagne. Le charretier le suivit sur ses mules ainsi que le triste Sancho, qui voyait déjà son maître dans les griffes de ces lions, et maudissait l'heure fatale où il s'était remis à son service. Au milieu de ses lamentations, il n'en pressait pas moins son âne pour s'éloigner le plus qu'il pouvait. Dès que le conducteur les vit assez loin, il voulut tenter de nouveau de persuader don Quichotte, mais celui-ci, d'une voix fière, lui réitéra ses ordres, et tandis que le conducteur se préparait à obéir, notre héros songeait en lui-même s'il ne ferait pas mieux de combattre à pied. La crainte que Rossinante ne s'effrayât de la présence des lions lui fit adopter ce dernier parti. Aussitôt il se jette à terre, se débarrasse de sa lance, de son écu, tire son épée et, se recommandant à Dieu, tranquille, l'œil assuré, il vient d'un pas ferme et grave se placer devant le chariot.

Le conducteur, pressé de plus en plus par notre héros, qui brûlait d'en venir aux mains, se décide enfin à le satisfaire. Il ouvre en plein la cage du lion, et découvre tout à coup son énorme taille, sa crinière horrible, ses yeux farouches et sanglants. Don Quichotte le considère sans effroi ; le lion se retourne, se coule, étend lentement ses membres, allonge ses muscles, ses griffes, ouvre sa gueule profonde, et fait un long bâillement ; ensuite, avec une langue qui sort de deux pieds, par delà ses dents, il essuie, nettoie son mufle, passe et repasse cette langue sur ses joues, sur ses paupières, se lève, allonge sa tête hors de la cage, et promène à droite et à gauche deux prunelles qui ressemblaient à deux immenses brasiers.

Notre chevalier, attentif, suivait tous ses mouvements ; il n'était ému que du vif désir de commencer le combat ; mais le généreux lion, qui se souciait peu de chevalerie, de bravades, d'exploits glorieux, après avoir regardé de toutes parts, se retourne de la tête à la queue, présente son derrière au héros, et se couche au fond de sa cage. Don Quichotte voulut que le conducteur l'irritât à coups de bâton et le forçât de s'élancer.

— « Non pas, s'il vous plaît, reprit le pauvre homme ; car la première chose qu'il ferait serait de me mettre en morceaux. Mais en vérité, seigneur chevalier, vous devriez être plus que content : vous avez poussé la valeur jusqu'au dernier point où elle peut atteindre ; pourquoi vouloir tenter deux fois la fortune ? La porte est ouverte, il ne tient qu'au lion de sortir ; vous l'avez attendu, vous l'attendez encore : il me semble que lorsque le plus brave des guerriers a défié son ennemi, lui a présenté le combat, et que l'autre refuse, il a mis sa gloire à couvert. La victoire est à vous, seigneur : le lion a fui, donc il est vaincu.

— « Vous avez raison, reprit Don Quichotte ; ami, fermez cette cage et donnez-moi une attestation en bonne forme de ce que vous m'avez vu faire : signez qu'il est véritable, que vous avez ouvert au lion ; que je lui ai offert le combat, qu'il n'a pas accepté ; qu'une seconde fois je l'ai défié, qu'une seconde fois il a craint de se mesurer avec moi. Je suis quitte envers mon devoir : meurent, meurent les enchanteurs ! et vive la chevalerie ! »

Le conducteur ne demandait pas mieux que d'obéir à ces derniers ordres. Il referma promptement la cage, tandis que notre héros, mettant son mouchoir au bout de sa lance, fit des signes, et cria de loin à don Diègue et à Sancho de revenir promptement. Ceux-ci, tout en fuyant, retournaient à chaque pas la tête ; ils aperçurent le mouchoir, et Sancho dit le premier : « Que je meure si mon maître n'a pas vaincu ces terribles bêtes ! le voilà qui nous appelle. » Don Diègue et le charretier s'arrêtèrent à ces paroles, reconnurent la voix de don Quichotte, et retournèrent à lui. A peine arrivés : « Mon ami, dit le héros au charretier, vous pouvez ratteler vos mules et poursuivre votre route. Et toi, Sancho, donne deux écus d'or à ces messieurs pour le temps que je leur ai fait perdre. — De tout mon cœur, reprit l'écuyer. Mais que sont devenus les lions ? sont-ils morts, sont-ils vivants ? » Le conducteur se mit alors à raconter en détail, et non sans de grandes louanges de don Quichotte, comment le lion, effrayé, n'avait pas osé combattre, et comment notre héros, après avoir laissé longtemps la cage ouverte, ne venait que de consentir à ce qu'on la refermât. « Eh bien, que t'en semble, ami Sancho ? s'écria don Quichotte charmé ; penses-tu que le vrai courage soit toujours victime des enchanteurs? Va, mon fils, je sais trop bien qu'ils ont quelque pouvoir sur la fortune, mais ils n'en ont pas sur la vertu. »

Sancho donna les écus d'or. Le conducteur et le charretier vinrent baiser la main du héros, le remercièrent de ses dons, et lui promirent de raconter au roi l'action dont ils avaient été témoins. « Messieurs, répondit don Quichotte, si Sa Majesté vous demande quel est celui qui osa mettre à fin cette aventure, je vous serai obligé de lui dire que c'est le chevalier des Lions. Je suis résolu de m'appeler ainsi désormais, et de quitter le surnom de *la Triste Figure* que j'avais porté jusqu'à présent : en cela, messieurs, vous pouvez être sûrs que je suis autorisé par l'antique privilège des chevaliers, qui changeaient tant qu'il leur plaisait et d'emblèmes et de surnoms. » Le conducteur et le charretier ne s'opposèrent point à ce changement ; ils prirent congé de don Quichotte, et continuèrent leur route, tandis que celui-ci poursuivait la sienne avec don Diègue et son écuyer.

Ce bon don Diègue, de plus en plus étonné, ne disait pas une parole, et réfléchissait en lui-même sur l'opinion qu'il devait avoir de la sagesse ou de la folie de don Quichotte. Il n'avait pas encore lu la première partie de son histoire : il rapprochait tout ce qu'il lui avait entendu dire de raisonnable, de poli, d'élégant, et ce qu'ensuite il lui avait vu faire ; son discours sur la poésie, et ce casque plein de fromage, qu'il regardait comme un tour que lui jouaient les enchanteurs ; ces conseils pleins de sagesse sur l'autorité paternelle, et cette résolution soudaine d'attaquer deux lions qu'il rencontrait. Tant de contradictions l'occupaient fortement. Don Quichotte s'en aperçut : « Seigneur don Diègue, dit-il, je crois être certain que vous pensez à moi, et je vous passe de tout mon cœur de me regarder comme un fou ; mais raisonnons un peu, s'il vous plaît.

« On estime l'adroit chevalier qui, dans une grande place, en présence de la cour, perce de sa lance un taureau furieux ; on applaudit à celui qui, pour plaire à la beauté qu'il aime, remporte l'honneur d'un tournoi. Je suis loin de mépriser cette gloire ; mais il en est une plus belle, parce qu'elle est plus utile ; c'est celle du chevalier errant qui va parcourant les solitudes, les montagnes, affrontant, cherchant les périls, uniquement pour défendre, pour soulager quelques infortunés, pour faire de bonnes actions qui valent mieux que des actions brillantes.

— « Je ne puis m'empêcher, reprit don Diègue, d'applaudir à tout ce que vous dites : la raison elle-même semble parler par votre bouche ; et si jamais les lois si pures de la chevalerie errante étaient perdues sur la terre, on les retrouverait dans votre cœur. Mais je vous demande d'allonger le pas, afin d'arriver à ma maison, où j'espère que vous voudrez bien vous délasser quelques jours. » Notre héros le remercia poliment ; et, pressant le paresseux Rossinante, ils arrivèrent vers les deux heures chez don Diègue, que don Quichotte appelait le chevalier du Manteau vert.

CHAPITRE XI

SÉJOUR DE NOTRE HÉROS CHEZ DON DIÈGUE, AVEC D'AUTRES EXTRAVAGANCES.

La maison de don Diègue, belle construction mauresque, était grande et spacieuse. Ses armoiries, sculptées en pierre, ornaient le fronton de la porte. Le fils de don Diègue vint au-devant de son père avec sa mère doña Christine. Tous deux s'arrêtèrent involontairement pour considérer l'étrange figure du héros. Celui-ci se hâte de quitter Rossinante, et vient avec beaucoup de courtoisie baiser la main de doña Christine. « Madame, lui dit don Diègue, je vous demande de recevoir avec la grâce qui vous est naturelle le seigneur don Quichotte de la Manche, que je vous présente comme le plus vaillant, le plus instruit des chevaliers errants. » Dona Christine, malgré sa surprise, fit un accueil fort obligeant à don Quichotte, qui lui répondit dans des termes aussi respectueux qu'élégants, combla de politesses le fils de la maison, et ne tarda pas à lui donner une très bonne opinion de son esprit.

Notre chevalier fut conduit dans une salle où Sancho le désarma, jeta sur sa tête cinq ou six aiguières, lui donna du linge blanc ; et bientôt après le héros sortit en pourpoint de peau de chamois, un peu noirci du frottement des armes, avec le collet wallon, sans dentelles et sans plis, des brodequins à la mauresque, sa bonne épée à son côté, suspendue à un baudrier de loup marin, et les épaules couvertes d'un manteau de drap minime. Dans cet équipage leste et galant, don Quichotte parut au salon, où l'attendait le fils de don Diègue, d'autant plus curieux de causer avec son hôte, qu'à toutes les questions faites à son père sur cet homme singulier don Diègue avait répondu qu'il ne pouvait encore le juger ; que ses actions et ses discours, presque toujours en opposition, étaient un mélange continuel de sagesse et de folie, mais plus souvent de cette dernière. Don Laurenzo, c'était le nom de ce fils, entretint notre héros, tandis que dona Christine faisait préparer un festin digne du noble convive qu'elle voulait bien traiter.

— « Monsieur, dit Don Quichotte au jeune homme, votre père m'a déjà parlé de votre amour extrême pour l'étude, pour la poésie surtout ; et j'ai appris avec intérêt et plaisir que vous étiez un grand poète. — Seigneur, répondit Laurenzo, ma vanité n'ira jamais jusqu'à me croire tel : j'aime beaucoup les beaux vers ; mais plus j'en lis, et plus je vois qu'il ne m'appartient pas d'en faire. — Tant de modestie me confirme dans mon opinion : le véritable talent est modeste. Ainsi, sans vous embarrasser par des éloges, que vous aimez mieux mériter que recevoir, je vous demanderai de me faire lire quelqu'une de vos poésies ; ce n'est pas que je prétende être capable de les juger, mais je me crois digne de les sentir. »

La conversation fut interrompue par le dîner ; on alla se mettre à table ; et don Diègue et Christine traitèrent leur hôte avec une politesse qui ne différait point de l'amitié. Don Quichotte était charmé du ton, des manières des habitants de cette maison. Ce qui le frappait le plus, c'était le merveilleux silence, l'ordre, la paix, l'arrangement, qui régnaient dans cet asile : depuis les maîtres jusqu'au dernier domestique, tous savaient ce qu'ils devaient faire, s'en acquittaient sans murmure, sans jalousie, sans affectation ; tous avaient l'air heureux, et ne semblaient former qu'une famille de frères sans cesse du même avis. En sortant de table, notre héros pria de nouveau le jeune homme de vouloir bien lui montrer de ses vers. Celui-ci, sans se faire presser, lui lut alors une glose, en excusant d'avance ses défauts sur la gêne et la difficulté de ce genre de poésie.

A peine don Quichotte eut-il entendu ces vers, qu'il se lève, saisit la main de Laurenzo, et la serrant de toute sa force : « Par la céleste lumière ! s'écria-t-il, heureux et digne jeune homme, vous méritez d'être couronné par les académies d'Athènes, de Paris et de Salamanque. Puissent les juges stupides qui vous refuseraient le premier prix devenir l'horreur des Muses, le but des flèches d'Apollon. Je bénis le ciel et mourrai content ; j'ai vu, j'ai trouvé un poète. »

Don Laurenzo remercia notre chevalier ; et quoique sa manière de s'exprimer lui parût un peu singulière, il ne l'en trouva pas moins aimable. Il fut même flatté de ses éloges, et trouva que son esprit, ses connaissances, son goût, devaient rendre plus indulgent pour les écarts légers de son imagination. Après avoir passé quatre jours dans la maison de don Diègue, le héros de la Manche voulut retourner à la recherche des aventures, dont il savait, disait-il, que ce pays abondait. Il fixa l'instant de son départ, au grand regret de Sancho, qui se trouvait fort bien chez don Diègue, et ne se souciait pas de retourner à la frugalité des dîners chevaleresques : aussi le prudent écuyer eut-il grand soin, avant de partir, de bien garnir son bissac : après quoi, les larmes aux yeux, il amena Rossinante à son maître.

CHAPITRE XII.

OU L'ON TROUVERA DES DÉTAILS EXTRAVAGANTS ET RIDICULES, MAIS NÉCESSAIRES A L'INTELLIGENCE DE CETTE ÉTONNANTE HISTOIRE.

Ils étaient à peine dans le grand chemin qu'ils furent joints par un homme à pied, pressant à coups de fouet la marche d'un mulet chargé de lances. Cet homme suivait la même route que notre héros, et passa près de lui sans s'arrêter. « Mon ami, lui cria don Quichotte, votre pauvre mulet n'en peut plus ; il faut que vous ayez de grandes affaires pour le presser aussi vivement. — J'en ai de grandes, en effet, répondit le voyageur ; car les armes que vous voyez doivent servir demain dans un combat. Je ne puis vous en dire davantage ; mais si vous venez coucher à la première hôtellerie, où je compte m'arrêter quelques heures, je vous instruirai du singulier motif de la bataille qui doit se livrer. » En disant ces derniers mots, le voyageur était déjà loin. On peut juger de l'extrême désir qu'eut aussitôt notre chevalier de rejoindre cet homme et de lui parler. Il fit doubler le pas à Rossinante, et se hâta de gagner l'hôtellerie, où il arriva peu avant la nuit. A peine descendu de cheval, don Quichotte demanda des nouvelles de l'homme qui conduisait le mulet chargé de lances. L'aubergiste lui répondit qu'il était à l'écurie. Notre héros courut l'y chercher, le trouva criblant de l'avoine, et le somma de tenir sa promesse ; l'aubergiste, avec Sancho, étant venus se mettre en cercle pour écouter, le voyageur commença son récit.

« Dans un village, dit-il, éloigné d'ici de quatre lieues, un de nos échevins perdit son âne. Malgré toutes les diligences qu'il fit, il ne put le retrouver. Quinze jours après, un autre échevin, confrère du maître de l'âne perdu, vint l'embrasser sur la place en lui disant : « Réjouissez-vous, je vous apporte des nouvelles de votre âne. Je l'ai vu, je l'ai rencontré dans la montagne, sans bât, sans harnais, tout nu, fort maigre ; mais enfin, c'est lui : j'ai fait tout au monde pour vous le ramener ; la maudite bête est déjà si sauvage, qu'elle n'a voulu entendre à rien. Je vous propose, mon confrère, d'y retourner avec vous, et j'espère qu'à nous deux nous viendrons à bout de la prendre. — Pardi ! mon confrère, vous êtes bien obligeant ; j'accepte volontiers ce service, que je vous rendrai de bon cœur quand l'occasion s'en présentera. »

« Cela dit, nos deux échevins s'en vont ensemble à la montagne, cherchent, recherchent avec soin ; mais l'âne ne paraît pas. Celui qui prétendait l'avoir vu dit à l'autre : — Mon confrère, ne nous décourageons point ; j'ai un moyen sûr pour trouver votre âne. Je vous confie que personne au monde ne sait si bien braire que moi ; c'est un talent que j'ai cultivé dès l'enfance, et que je peux dire avoir porté à sa dernière perfection. Je vais l'employer à votre service. Soyez certain que votre âne y sera trompé le premier. — Ma foi, mon confrère, reprit l'autre, j'ai la satisfaction de penser que je pourrai vous aider. Je ne veux point vous cacher que tous ceux qui me connaissent s'accordent à convenir que lorsque je me mets à braire, on croirait entendre un âne : je m'en suis fait une occupation, une étude particulière ; et, sans vouloir vous rien disputer, j'ai lieu d'espérer que vous serez satisfait. — Tant mieux ! vraiment, j'en suis ravi. Prenez d'un côté, moi de l'autre, et, sans rivalité, sans jalousie, mettons nous tous deux à braire, afin de retrouver votre âne. — Votre idée est lumineuse, et vous justifiez bien l'excellente opinion que j'eus toujours de votre bon sens et de votre esprit.

« Aussitôt ils se séparèrent ; et, dès qu'ils se sont perdus de vue, tous deux se mettent à braire avec tant de perfection, qu'ils accourent l'un vers l'autre, croyant que c'était l'âne qui leur répondait. Surpris également de se rencontrer : — Quoi ! c'est vous, mon confrère, dit le premier. — C'est moi, répond le second. — Est-il possible, mon confrère, que ce soit vous que je viens d'entendre ? — Oui ; mais je suis dans l'admiration. — Par ma foi ! je n'en reviens pas. — C'est qu'il n'y a point de différence. — Vous êtes indulgent : c'est vous qui méritez ces éloges. Quel son ! comme il est soutenu ! comme il est plein ! comme il est beau ! — Et vous donc ! Quelle vérité dans les repos, dans les reprises ! Ah ! je vous cède la palme ! — Point du tout ; mais je suis flatté qu'un connaisseur comme vous daigne m'accorder quelque estime. Recommençons, si vous le voulez bien.

« Chacun reprend alors un chemin différent, se remet à braire, et quatre ou cinq fois vient à la voix de son confrère, toujours trompé par la ressemblance. L'âne perdu était le seul qui ne dît rien : il n'avait garde de rien dire ; nos échevins le trouvèrent à demi mangé par les loups. — Je ne m'étonne plus, dit l'un, que votre voix ne l'ait pas fait venir. — S'il n'était pas mort, reprend l'autre, je ne lui aurais jamais pardonné de ne vous avoir pas répondu... Consolés par ces éloges réciproques, ils retournèrent au village, où leur premier soin fut de raconter ce qui leur était arrivé. Tous deux parlèrent avec enthousiasme de la grâce, de la perfection, du talent extraordinaire que chacun d'eux avait à braire. Ces récits volèrent de bouche en bouche et se répandirent dans le pays. Le diable, qui se plaît toujours à faire naître des noises, engagea quelques habitants des villages voisins à se mettre à braire en rencontrant les nôtres et à leur dire que c'était la langue de leurs échevins. Les petits garçons, qui ne valent rien nulle part, se mêlèrent de la plaisanterie. Dès ce moment elle devint générale : notre village n'a plus d'autre nom que le village des ânes. L'on s'est fâché, l'on s'est battu ; enfin, demain, nous nous rassemblons pour livrer une bataille en règle à ceux qui nous insultent journellement. C'est pour cela que je viens d'acheter, aux frais de notre commune, les lances que vous avez vues sur mon mulet. »

Don Quichotte allait prendre la parole et faire de sages réflexions sur cette singulière aventure, lorsqu'on vit entrer dans l'hôtellerie un homme vêtu de peau de chamois depuis la tête jusqu'aux pieds, portant un large emplâtre sur l'œil et sur la joue gauche. En arrivant, il s'écria : « Seigneur aubergiste, avez-vous de la place ? Pouvez-vous donner à coucher au fameux singe devin et aux marionnettes de Mélisandre ? — Eh ! c'est maître Pierre, répond l'aubergiste avec un transport de joie : c'est maître Pierre ! réjouissons-nous ! Soyez le bienvenu, maître Pierre ! Où sont donc le singe et les marionnettes ? — Ils ne sont pas loin, reprit l'arrivant ; mais je vous demande avant tout si vous pouvez les loger. — Si je le peux ! Pour vous, maître Pierre, je refuserais le duc d'Albe. Faites arriver promptement votre singe et vos marionnettes ; j'ai beaucoup de monde ici : la recette sera bonne, et nous allons rire ce soir. — Je ne demande pas mieux, je modérerai le prix ; pourvu qu'on paie ma dépense, je ne prendrai rien pour les places. »

En parlant ainsi, maître Pierre sort pour faire avancer sa charrette, et don Quichotte s'informe de ce que c'est que cet homme, ce singe et son prétendu spectacle. « Seigneur, répondit l'aubergiste, notre bon ami maître Pierre court depuis longtemps ce pays, en faisant jouer par ses marionnettes une pièce admirable, dont le sujet est Mélisandre, délivrée des mains des Maures par don Gaïféros ; il a de plus avec lui un singe, le plus habile, le plus savant des singes, et peut-être même des hommes ; car on n'a qu'à lui faire telle question que l'on veut, il l'écoute, saute sur l'épaule de son maître, lui dit à l'oreille sa réponse, que maître Pierre répète tout haut. Cette réponse est presque toujours étonnante pour la justesse, l'esprit et la vérité. On croit ce singe sorcier : ce qui pourrait fort bien être. Il n'en coûte que deux réaux par question : ces deux réaux ont déjà fait la fortune de maître Pierre, qui passe pour être fort riche. Mais tout le monde l'aime ici : il est bon homme, gai, franc, parle comme six, boit comme douze, et sait une foule de contes qui nous font mourir de rire. »

Maître Pierre reparut alors avec sa charrette, son petit garçon, ses marionnettes, son singe, qui était assez grand, sans queue, avec le derrière pelé, l'air vif et spirituel. Don Quichotte s'avança vers lui : « Monsieur le devin, dit-il, je vous demande de me dire ce qui doit m'arriver demain. — Seigneur, répondit maître Pierre, cet animal ne se flatte pas de connaître l'avenir ; il n'est habile que sur le présent et le passé. — Pardi ! s'écria Sancho, voilà une belle science ! Je ne donnerais pas une épingle pour qu'on m'apprenne ce qui m'est arrivé ; je le sais mieux qu'un autre apparemment. Mais puisque ce monsieur le singe connaît le présent, je lui offre mes deux réaux pour qu'il me dise ce que fait dans ce moment Thérèse Pança, ma femme. » Maître Pierre refusa de prendre l'argent d'avance : il donne un coup sur son épaule gauche ; le singe saute à l'instant, approche sa bouche de l'oreille de son maître, remue vivement ses deux mâchoires, et revient à terre au bout de quelques minutes. Maître Pierre, sans parler, s'avance vers don Quichotte, se met à genoux, et saisissant les jambes de notre chevalier : « Permettez-moi, lui dit-il, d'embrasser avec respect les genoux du restaurateur de la chevalerie errante, qui sans vous allait être éteinte. Permettez-moi de rendre mes hommages au vaillant don Quichotte de la Manche, le vengeur des opprimés, l'appui des malheureux, le soutien des faibles, l'espoir et l'admiration de ceux qui aiment encore la vertu. »

A ces paroles, notre héros, son écuyer, l'aubergiste, tout le monde, demeurèrent stupéfaits. Sans leur donner le temps de se remettre, maître Pierre regarde Sancho. « O toi, lui dit-il, le meilleur, le plus fidèle écuyer du plus grand chevalier du monde, réjouis-toi : ta femme Thérèse est à présent occupée de filer une livre de lin. Solitaire dans sa maison, pensant à l'époux qu'elle adore, elle n'a près d'elle qu'un vieux pot cassé, dans lequel elle a mis du vin, qui de temps en temps soutient son courage. — Eh bien, je le crois, répondit Sancho. Thérèse est une brave femme ; et si elle n'était point jalouse, je ne la troquerais pas pour la géante Andalone, qui avait un si grand mérite, à ce que prétend mon maître. Quant à ce petit pot de vin qui tient compagnie à Thérèse, je la reconnais encore là ; jamais elle ne se laisse manquer de rien, fût-ce aux dépens de ses héritiers.

— « Je suis forcé d'avouer, interrompit don Quichotte, que plus on vit, plus on apprend. Je n'aurais jamais cru qu'un singe pût deviner avec cette justesse. Car enfin, messieurs, je ne m'en cache point : je suis ce don Quichotte de la Manche, que cet admirable animal a beaucoup trop vanté sans doute ; mais, sans mériter ces éloges, je puis dire que j'ai un bon cœur, et que je désire de faire du bien à tous ceux que je rencontre. — Seigneur chevalier, reprit maître Pierre, ma joie est si grande de vous avoir vu, que je vais à l'instant préparer mes marionnettes, et donner mon spectacle gratis à tous ceux qui sont ici. — Allons ! allons ! cria l'hôte avec transport : les marionnettes ! les marionnettes ! Ma fille, ma femme, préparez la belle salle pour les marionnettes de maître Pierre. »

Tandis que la salle se préparait, Sancho voulut encore savoir du singe si les grandes choses que son maître avait vues dans la caverne de Montésinos étaient véritables ou non. Le singe sauta, selon l'usage, sur l'épaule de maître Pierre, qui, après l'avoir écouté, dit gravement à Sancho : « Le devin prétend que votre question est difficile et captieuse ; mais qu'un seul mot y répondra : Tout ce que l'illustre don Quichotte assure avoir vu dans la caverne de Montésinos est au moins très vraisemblable. » Notre héros, fort satisfait de la réponse, se rendit dans la salle du spectacle ; on lui donna la place d'honneur. Tout ce qui était dans l'auberge vint se ranger derrière lui. Plusieurs bougies furent allumées autour d'un petit théâtre qu'elles éclairaient parfaitement. Maître Pierre se cacha derrière pour faire mouvoir les figures : son petit garçon se plaça debout sur le devant de la scène, tenant une baguette à la main, pour tout expliquer aux spectateurs, et la toile se leva.

CHAPITRE XIII

LES MARIONNETTES DE MÉLISANDRE.

Toutes les oreilles étaient attentives, tous les yeux fixés sur la scène, lorsqu'on entendit derrière le théâtre un grand bruit de trompettes et de tambours, mêlé de salves d'artillerie. Alors le petit garçon prit la parole, et dit, d'un ton de fausset :

« Ici commence la véritable histoire de la belle Mélisandre et de son époux don Gaïféros, histoire tirée de chroniques françaises et de romances espagnoles, que grands et petits connaissent. Vous allez voir comment Mélisandre, prisonnière chez les Maures de Sansuègne, qui s'appelle à présent Saragosse, fut remise en liberté par son mari don Gaïféros. Le voilà ce don Gaïféros, qui, oubliant un peu sa femme, s'amuse et se divertit à la cour de l'empereur Charlemagne, père de Mélisandre : le voilà qui fait une partie de dames.

« Vous voyez présentement ce personnage qui paraît avec la couronne en tête et le sceptre dans la main : c'est l'empereur Charlemagne. Il n'est pas de trop bonne humeur de voir son gendre oublier sa femme, et vient lui parler vertement de tous les dangers que court son épouse captive. Don Gaïféros lui répond ; et l'empereur se fâche à tel point, qu'il est prêt à lui donner de son sceptre sur la figure : on prétend qu'il lui en donna. Quand sa réprimande est finie, Charlemagne lui tourne le dos. Voyez comment don Gaïféros, piqué de ce qu'il vient d'entendre, se lève enflammé de colère ; comme il jette par terre la table, les dames et le damier ; comme il demande ses armes, et prie son cousin don Roland de lui prêter sa bonne épée Durandal. Don Roland refuse de la lui prêter : il s'offre d'aller avec lui pour délivrer Mélisandre ; mais don Gaïféros le remercie ; il dit que lui seul suffira, va s'armer, monte à cheval, et prend la route de Sansuègne.

« A présent, messieurs, regardez cette grande et haute tour du palais de Saragosse ; voyez-y sur le balcon cette jeune dame habillée en Maure : c'est la femme de Gaïféros, c'est la belle Mélisandre, qui dès ce matin vient s'établir là, tourne ses yeux sur le chemin de France, songe à Paris, à son époux, et soupire d'en être si loin.

« Ce chevalier, que vous voyez sur son cheval, couvert d'une cape gasconne, c'est don Gaïféros lui-même. Il arrive au pied de la tour ; Mélisandre le considère, et le prend pour un voyageur. Elle lui chante, d'une douce voix, l'ancienne romance que vous savez tous :

> Beau chevalier, viens-tu de France ?
> As-tu vu don Gaïféros ?

« Voyez comment Gaïféros se dépêche d'enlever sa cape, comment sa femme le reconnaît, et comme elle en saute de joie. La voilà prête à s'élancer du haut du balcon, par terre, pour le rejoindre plus vite ; mais elle aime mieux cependant nouer ensemble les draps de son lit et se laisser couler en bas. La voilà qui vient, qui descend ; elle est déjà tout près d'arriver. Ah ! quel malheur ! son beau falbala s'accroche à un grand clou du mur ; Mélisandre reste suspendue ; hélas ! que deviendra-t-elle ?

« Mais n'en soyez pas inquiets. Voyez-vous don Gaïféros escalader la muraille, arriver jusqu'à sa femme, la saisir, la tirer à lui, sans regarder seulement s'il déchire ou non le beau falbala ? Elle meurt de peur ; il l'emporte, la jette à califourchon, jambe deçà, jambe delà, sur la croupe de son cheval, se remet en selle, lui dit de croiser ses bras contre sa poitrine ; pique des deux, prend le galop, et Mélisandre, qui se sent un peu cahotée, serre son mari de toutes ses forces, parce qu'elle n'est pas accoutumée à cette manière de voyager.

« Malheureusement, Mélisandre avait été vue descendant du haut de la tour et fuyant avec son époux. Le roi Marsile, averti, fait aussitôt répandre l'alarme, battre le tambour, sonner le tocsin. Entendez-vous le tintamarre horrible qui se fait dans Saragosse ? Entendez-vous les armes, les cris, les instruments de musique, toutes les cloches à la fois qui retentissent de toutes parts?

« — Doucement, interrompt encore notre héros, les Maures n'avaient point de cloches ; ils se servaient de timbales, de fifres ; maître Pierre, c'est une faute. — Vous avez raison, seigneur chevalier, lui répondit maître Pierre ; mais je vous demande de nous la passer. Il y en a bien d'autres, ma foi, dans nos comédies les plus admirées ! Poursuivez, petit garçon, le seigneur don Quichotte est indulgent.

« Au milieu de tout ce tumulte, voyez présentement, messieurs, la superbe cavalerie qui va sortant de la ville à la poursuite de Mélisandre. Regardez ces beaux cavaliers avec leurs grandes moustaches, leurs cimeterres à la main, leur air farouche et terrible. Ecoutez toutes ces trompettes, ces timbales, ces cors, ces hautbois. Tous les Maures sont à cheval, tous les Maures ont pris les armes. Si par malheur ils sont rejoints, vous allez les voir revenir attachés à la queue de leur coursier, et livrés ensuite aux atrocités d'un peuple infidèle et barbare.

— « Non, par Dieu ! s'écrie notre héros avec une voix de tonnerre, non ; tant que je vois le jour, il ne peut rien arriver au brave don Gaïféros. Arrêtez ! lâches musulmans, cessez une indigne poursuite ; c'est moi qui défends Mélisandre, c'est moi qui vous défie tous ! » A ces mots, l'épée à la main, il s'élance sur les marionnettes, enfonce, renverse les escadrons maures, détruit les tours, les maisons, les remparts de Saragosse, pénètre même plus loin ; et, si maître Pierre ne s'était baissé, sa tête tombait sur la scène avec celles de ses guerriers.

Ce pauvre maître Pierre, à l'abri derrière sa plus forte planche, criait de toutes ses forces : « Seigneur don Quichotte ! apaisez-vous, s'il vous plaît ; ceux que vous tuez ne sont pas des Maures, ce sont des figures de pâte. Ah ! malheureux que je suis ! vous me cassez tout, vous me ruinez. » Don Quichotte n'écoutait rien, et continuait le carnage. Enfin il s'apaisa. — « Allons, dit-il, voici encore un nouveau tour de messieurs les enchanteurs : vous verrez que ces ennemis ne seront plus que des marionnettes. Ma foi ! je ne vous cache point que je les ai pris pour des Maures, Mélisandre pour Mélisandre, don Gaïféros pour don Gaïféros : et, pour vous prouver la pureté de mes intentions, je me condamne de bon cœur à vous payer le dommage. Estimez-le vous-même, maître Pierre, je m'acquitterai sur-le-champ. » Maître Pierre, en s'inclinant, répondit qu'il n'en attendait pas moins du magnanime don Quichotte, et proposa de rendre juges de ses demandes l'aubergiste et le grand Sancho. Ces deux arbitres furent agréés.

Maître Pierre alors régla le tarif des tués et des blessés. Le tout, modéré par les arbitres, fit une somme de quarante réaux, que Sancho paya sur-le-champ, en ajoutant quelque chose de plus pour la peine de reprendre le singe. Le lendemain, dès le point du jour, maître Pierre partit avec sa charrette, son singe et les débris de son théâtre. Notre héros se mit en route plus tard, après avoir payé sa dépense à l'aubergiste, qu'il laissa tout émerveillé de ce qu'il avait fait et dit.

CHAPITRE XIV

COMMENT NOTRE HÉROS RENCONTRA UNE BELLE DAME QUI CHASSAIT.

Sancho voyait avec douleur que la bourse de son maître tirait à sa fin. Chaque maravédis qu'il en fallait ôter pour les folies de don Quichotte lui arrachait de douloureuses larmes. Il commençait à désespérer de parvenir à la haute fortune qui lui avait été promise, et réfléchissait en silence au parti qu'il devait prendre, tandis que notre héros, occupé de Dulcinée, s'éloignait des bords de l'Èbre.

Comme ils traversaient tous deux une prairie, don Quichotte aperçut une troupe de fauconniers et de chasseurs. Au milieu d'eux était une jeune dame, d'une figure agréable et noble, en superbe habit d'amazone, et montée sur une haquenée blanche.

Elle tenait à sa main un faucon ; la déférence, les hommages qu'on s'empressait de lui rendre annonçaient qu'elle était d'un haut rang, et qu'elle commandait à tous les chasseurs.

« Mon fils Sancho, dit notre chevalier, cours auprès de cette belle dame qui porte un oiseau sur le poing; dis-lui que le chevalier des Lions, qui met à ses pieds son profond respect, lui demande la permission de se présenter devant Son Altesse pour lui offrir ses services. »

Sancho part au trot de son âne, arrive au milieu des chasseurs, s'approche de l'amazone, descend, se met à genoux, et lui dit : « Madame, je m'appelle Sancho Pança, écuyer du chevalier des Lions, que vous voyez arrêté là-bas. Mon maître, qui s'appelait jadis le chevalier de la Triste Figure, m'envoie vous dire qu'i serait charmé de se consacrer au service de Votre Altesse; mais il lui faut pour cela votre permission; et j'ajoute que votre seil gneurie peut fort bien la lui donner, parce qu'elle n'en sera pas fâchée. — Aimable écuyer, répondit la dame, vous vous acquittez à merveille des messages que l'on vous donne. Commencez par vous relever; l'ami, le compagnon fidèle du chevalier de la Triste Figure, dont je connais parfaitement et la gloire et les exploits, ne doit point parler à genoux. Levez-vous donc, je vous prie, et retournez dire à votre maître que le duc mon époux et moi nous serons charmés tous les deux de le recevoir dans notre maison, peu éloignée d'ici. »

Sancho, surpris, enchanté d'entendre le nom de duc, et de se voir si bien accueilli, si bien traité par une duchesse, ne songeait pas à se relever, et ne se lassait point de considérer cette dame si bien mise, si agréable, si polie pour les écuyers. La duchesse, en lui tendant la main, lui demanda si son maître n'était pas ce fameux don Quichotte de la Manche, dont on avait imprimé l'histoire. « C'est lui-même, répondit Sancho; et l'écuyer que vous devez avoir vu dans l'histoire jouer un assez beau rôle, c'est moi, madame la duchesse, à moins que l'imbécile d'historien ne m'ait changé en nourrice. — J'en suis ravie, reprit la duchesse; cette certitude ajoute au désir que j'ai de vous recevoir avec votre illustre maître. »

Notre écuyer s'inclina respectueusement, traversa d'un air fier la troupe des chasseurs, alla remonter sur son âne et rendre compte à don Quichotte de l'agréable réponse de madame la duchesse, dont il éleva jusqu'au ciel la beauté, la politesse et la bienveillance particulière dont elle l'avait honoré. Notre héros, en l'écoutant, se redresse sur sa selle, s'affermit sur ses étriers, lève sa visière, raccourcit ses rênes pour donner un peu de grâce à Rossinante, et s'avance la tête haute. La duchesse, pendant ce temps, avait fait appeler son époux, l'avait instruit de l'ambassade; et, comme ils avaient lu tous deux la première partie de cette histoire, ils se firent un plaisir extrême de connaître le héros de la Manche, de se plier entièrement à son humeur, à ses idées, et convinrent de le traiter comme un véritable chevalier errant. Don Quichotte, arrivant alors, voulut se hâter de descendre : Sancho, se dépêchant aussi d'aller lui tenir l'étrier, s'embarrassa si bien la jambe dans une corde de son bât, qu'il resta pendu par le pied. Notre héros ne le vit point, et, croyant qu'il tenait son étrier, descendit sans précaution; mais la selle de Rossinante, apparemment mal sanglée, entraînée par le poids du corps, tourna sous le ventre, et le chevalier arriva à terre couché de son long. Au désespoir de cet accident, il maudissait tout bas et sa selle et son traître d'écuyer, lorsque les chasseurs, par l'ordre du duc, coururent le relever et dépendre le pauvre Sancho. Don Quichotte, un peu froissé de sa chute, venait en boitant se mettre à genoux devant madame la duchesse. Le duc le retint, l'embrassa : « Seigneur chevalier de la Triste Figure, lui dit-il d'un ton sérieux, il est bien cruel pour moi que le premier pas que vous faites sur mes terres puisse vous sembler une chute; j'ose me flatter que ce contre-temps ne vous dégoûtera point de demeurer avec vos admirateurs. — Vaillant prince, répondit le héros, il n'est point de plaisir qu'on n'achète; et je ne me plaindrais point de payer beaucoup plus cher le bonheur extrême de vous faire ma cour. Mon négligent écuyer babille infiniment mieux qu'il ne sait sangler une selle ; c'est à lui seul que je dois m'en prendre. Au surplus, par terre ou debout, à cheval, à pied, de toutes façons, je n'en suis pas moins dévoué à vos ordres et à ceux de madame la duchesse.

Sancho, libre alors et relevé de terre, vint se mêler à l'entretien. — « Madame, je dois prévenir Votre Altesse, interrompit don Quichotte, que jamais chevalier errant n'eut un écuyer aussi familier, aussi bavard que le mien ; je vous en demande pardon pour lui. — Félicitez-m'en plutôt, reprit la duchesse en riant ; dès longtemps je suis instruite que Sancho a de l'esprit, de la gaieté, de la grâce : il peut parler beaucoup et souvent, sans craindre de m'ennuyer. — Allons, ajouta le duc, prenons le chemin du château, si l'illustre chevalier de la Triste Figure veut nous faire l'honneur d'y venir. — Sans doute, dit Sancho d'un air capable, il le veut bien, et moi aussi ; mais, monsieur le duc, n'oubliez donc pas que nous nous appelons à présent le chevalier des Lions. »

En parlant ainsi, l'écuyer rajustait la selle de Rossinante. Quand cela fut fait, don Quichotte remonta sur son coursier : le duc reprit aussi le sien ; et la duchesse, placée entre son époux et le chevalier, se mit en route vers le château. Au bout de quelques pas, elle appela Sancho pour venir causer avec elle. Sancho ne demandait pas mieux ; il poussa promptement son âne à côté de la duchesse, se mit en rang avec monsieur le duc, et ne laissa pas tomber la conversation.

CHAPITRE XV

QUI CONTIENT DE GRANDES CHOSES

Lorsque l'on approcha du château, le duc alla lui-même en avant donner des ordres pour la réception qu'il voulait faire à don Quichotte. Dès que le chevalier arriva, deux écuyers, richement vêtus, vinrent l'aider à descendre ; quatre belles demoiselles lui présentèrent en cérémonie un superbe manteau d'écarlate, qu'elles attachèrent sur ses épaules. Les galeries se remplirent de monde ; et tous les habitants de la maison, se réunissant pour voir le héros, jetant sur lui des essences, criaient : « Heureux, heureux le jour où nous recevons ici la fleur de la chevalerie ! » Enchanté de tant d'honneurs, don Quichotte s'avançait gravement, donnant la main à la duchesse, et remerciant tout bas le ciel de ce qu'enfin, une fois dans sa vie, il se voyait traité de la même manière qu'il avait vu, dans ses livres, traiter les anciens chevaliers errants.

Sancho, pour ne pas se séparer de sa bonne amie la duchesse, avait été forcé d'abandonner son âne ; il se le reprochait au fond du cœur ; et sa tendre inquiétude pour cet animal lui fit aborder une vieille duègne, qu'il distingua dans la foule. « Ah ! madame, vous me feriez un grand plaisir de vouloir aller jusque dans la cour, où vous trouverez un âne gris. Cet âne est à moi ; je l'aime beaucoup : le pauvre enfant est timide, et n'est point accoutumé à se voir seul. J'ai peur qu'il ne sache que devenir, je vous prie de le mener vous-même à l'écurie, et de lui donner ce qu'il lui faut. — Pardi ! répondit la duègne d'une voix aigre, nous voilà bien, si le maître n'en sait pas plus que le valet ! Apprenez, mon ami, que dans cette maison il n'est pas d'usage d'envoyer les duègnes à l'écurie. »

A cet éclat, la duchesse, se retournant, vit que madame Rodrigue avait les yeux hors de la tête et le visage fort allumé.

— « Que vous arrive-t-il? lui demanda-t-elle. — Madame, c'est ce paysan qui veut que j'aille panser son âne. — Sancho, dit don Quichotte, ce n'est pas ici le lieu de parler de tout cela. — Pardonnez-moi, monsieur, c'est partout le lieu de songer aux gens qu on aime ; et partout où j'y songe, j'en parle. — Vous avez raison, interrompit le duc ; mais soyez parfaitement tranquille, j'ai donné des ordres pour que votre âne fût conduit à l'écurie, et traité comme vous-même. Il sera content, je vous en réponds. »

A la suite de cet entretien, qui divertissait tout le monde, excepté notre héros, on l'introduisit dans une superbe salle, tapissée de drap d'or. Six demoiselles vinrent le désarmer. Don Quichotte fit appeler son écuyer pour achever sa toilette, et s'enferma seul avec lui.

Sancho habilla son bon maître, qui mit par-dessus son pourpoint chamois le beau manteau d'écarlate, le baudrier de loup marin soutenant sa redoutable épée, sur sa tête un bonnet de satin vert, et sortit dans cet équipage. Les demoiselles étaient à la porte, tenant une aiguière d'or pour qu'il se lavât les mains. Quand cela fut fait, douze pages, précédés d'un maître d'hôtel, vinrent lui annoncer que le dîner était prêt. Don Quichotte, entouré des pages, fut conduit avec beaucoup de pompe à la salle du festin, où quatre couverts seulement se voyaient sur une table chargée de beaucoup de mets. Le duc et la duchesse l'attendaient. Le dîner s'acheva. Dès que l'on fut sorti de table, quatre demoiselles se présentèrent; l'une portait une aiguière, l'autre un pot à l'eau d'argent ; la troisième du linge extrêmement fin, et la quatrième, les bras retroussés jusqu'aux coudes, avait à la main une savonnette de senteur. Celle qui tenait l'aiguière vint, avec beaucoup de grâce, la placer sous le menton de don Quichotte, qui, la regardant sans parler, et croyant que c'était sans doute un usage du pays, se laissa faire, et allongea son maigre cou. La seconde demoiselle versa de l'eau dans l'aiguière ; celle qui portait la savonnette se mit à savonner la barbe du héros, et, faisant mousser fort habilement l'eau que l'on versait sans cesse, couvrit avec cette mousse les joues, le nez, jusqu'aux yeux du docile chevalier. Le duc et la duchesse, qui n'avaient point ordonné cette cérémonie, se regardaient et ne savaient s'ils devaient en rire ou s'y opposer. Tout à coup la demoiselle qui savonnait toujours se plaignit de manquer d'eau ; une de ses compagnes en alla chercher, et notre pauvre chevalier demeura, pendant ce voyage, le cou tendu sur l'aiguière, le visage couvert de mousse, et les paupières fermées, pour qu'elle n'entrât pas dans ses yeux. Tout le monde mourait d'envie de rire, mais tout le monde se contenait ; et les trois demoiselles, debout, immobiles, la tête baissée, n'osaient regarder leurs maîtres, qui avaient de la peine eux-mêmes à s'empêcher d'éclater. Enfin l'on apporta de l'eau ; la demoiselle acheva de laver la barbe de don Quichotte, l'essuya doucement avec le linge, lui fit, ainsi que ses trois acolytes, une profonde révérence, et se retirait gravement, lorsque le duc, pour prévenir tout soupçon de notre héros, rappela l'aimable baigneuse, et lui demanda de vouloir lui rendre le même service. La demoiselle l'entendit à merveille, et se mettant à l'ouvrage, elle traita précisément son maître comme elle avait traité le chevalier.

Sancho, fort attentif à tout ce qu'il voyait, disait entre ses dents : « Par la mardi ! je voudrais bien que ce fût l'usage de laver la barbe des écuyers aussi bien que celle de leurs maîtres ; cette cérémonie me plairait assez, quand même on irait jusqu'à me raser. — Que dites-vous tout bas, Sancho ? lui demanda la duchesse. — Je dis, madame, qu'il fait bon vivre pour apprendre. Jusqu'à présent j'avais pensé que chez les princes on se contentait, en sortant de table, de donner à laver les mains ; j'ignorais qu'on vînt savonner la barbe ; et, dans le fond, cette coutume me paraît fort propre et fort agréable. — Eh bien, mon ami, vous n'avez qu'à parler. Voyez, dit alors la duchesse au maître d'hôtel, à ce que l'on donne à Sancho tout ce qu'il pourra désirer. Le maître d'hôtel promit d'y veiller, et emmena l'écuyer dîner avec lui.

Dans ce moment, l'on entendit de grands cris, beaucoup de tapage, et l'on vit arriver Sancho tout effrayé, portant au cou un tablier de cuisine, et poursuivi par une douzaine de valets, dont l'un tenait un chaudron rempli d'eau fumante. « Qu'est ceci ? demanda la duchesse ; que voulez-vous à ce brave homme? — Madame, répondit un des valets, nous voulons lui laver la barbe, selon les ordres de Votre Excellence, et monsieur ne veut pas s'y prêter. — Non, sans doute, s'écria Sancho ; Son Excellence n'a pas ordonné de prendre un chaudron pour plat à barbe : et cette eau bouillante ne ressemble point à la savonnette de senteur dont on s'est servi pour mon maître. On plaisante mal dans les maisons des princes ; et l'on oublie souvent que les jeux ne valent rien aussitôt qu'ils peuvent fâcher. Je ne veux point de vous pour mes barbiers : le premier qui touche à ma barbe, je lui applique mon poing fermé sur la sienne, de façon qu'il s'en souviendra. — Sancho a raison, reprit la duchesse en affectant un air sérieux, qu'elle pensa perdre deux ou trois fois en regardant la mine de l'écuyer ; vous êtes tous bien hardis d'oser contrarier un homme que M. le duc a fait gouverneur, et que vous savez être mon ami ; laissez-le en paix, je vous le conseille, ou je vous chasse tous à l'instant. »

Cette seule parole fit fuir les valets. Sancho voulut d'abord les poursuivre ; mais, par réflexion, il revint, portant toujours son tablier au menton, se jeter aux genoux de la duchesse. « Madame, lui dit-il, c'est fini : d'après la bonté que vous venez de me témoigner, je suis décidé à me faire chevalier errant et à vous choisir pour ma dame. En attendant, je ne suis qu'un pauvre écuyer, laboureur de mon métier ; je m'appelle Sancho ; j'ai une femme et des enfants ; si dans tout cela vous trouvez quelque chose qui puisse vous convenir, tout est à votre service, vous en pouvez disposer comme de votre bien propre. — Il est aisé de voir, répondit la duchesse, que vous fûtes élevé dans le centre même de la politesse et de la fine galanterie. Vous parlez et vous pensez comme le digne compagnon du plus courtois des chevaliers.

J'en suis reconnaissante, mon ami Sancho, et j'espère vous le prouver en pressant M. le duc de vous donner le gouvernement que vous désirez. »

Après cet entretien, don Quichotte se retira pour aller faire sa méridienne. La duchesse invita l'écuyer à venir dans une salle fraîche, où elle comptait passer l'après-midi avec ses femmes. Sancho lui répondit que, quoique son usage fût toujours de reposer quatre ou cinq heures après son dîner, cependant il allait la suivre et qu'il ferait son possible pour ne pas s'endormir en causant avec elle.

Le duc alla donner de nouveaux ordres pour les fêtes chevaleresques qu'il préparait à notre héros.

CHAPITRE XVI

ENTRETIEN DE LA DUCHESSE ET DE SANCHO.

Sancho, selon sa promesse, alla trouver la duchesse, qui le fit asseoir près d'elle, quoique le modeste écuyer refusât d'abord cet honneur. Forcé d'obéir à la fin, il fut aussitôt entouré par les duègnes et les demoiselles de la suite de la duchesse, et celle-ci commença la conversation. « Mon cher gouverneur, lui dit-elle, à présent que nous sommes en liberté, je voudrais que votre seigneurie m'expliquât deux ou trois choses qui m'ont embarrassée en lisant l'histoire du grand don Quichotte : par exemple, il est bien certain que vous n'avez jamais vu madame Dulcinée ; que vous ne lui portâtes point la lettre de votre maître : comment avez-vous osé lui dire que vous l'aviez trouvée criblant du blé, qu'elle vous avait fait telle réponse ? Je ne reconnais point dans ce mensonge la fidélité d'un bon écuyer, et je suis fâchée d'avoir un petit reproche à faire à quelqu'un que j'estime et que j'aime autant que vous. »

A ces paroles, Sancho se lève, et, mettant le doigt sur la bouche, le corps à demi courbé, marchant sur la pointe des pieds, il va regarder doucement sous les tables, derrière les meubles, s'assure que la porte est fermée, revient à pas de loup prendre sa place, et d'un air mystérieux : « Je voulais être sûr, dit-il, que personne ne nous écoute, avant de vous révéler des secrets fort importants. Le premier de ces secrets va sûrement beaucoup vous surprendre ; je n'ai rien de caché pour vous, madame la duchesse, et je vous confie que depuis longtemps je regarde monseigneur don Quichotte comme un peu fou. Ce n'est pas qu'il ne dise parfois des choses pleines de sagesse qui le font admirer de tous ceux qui les entendent ; mais cela n'empêche point que je n'aie de bonnes raisons de penser qu'il extravague souvent. D'après cette opinion, je me permets, lorsque je suis dans l'embarras, de m'en tirer, en lui faisant croire tout ce qui me vient dans la tête, et c'est ainsi que je lui rapportai la réponse de madame Dulcinée, et c'est ainsi qu'il n'y a pas huit jours j'ai enchanté de ma façon cette très illustre dame. » La duchesse voulut savoir l'histoire de l'enchantement : notre écuyer la raconta dans tous ses détails, et dans des termes qui divertirent fort la compagnie.

— « C'est fort bien, reprit la duchesse ; mais d'après les aveux que vous me faites, il me vient un assez grand scrupule. Je pense à vous, et je me dis : Puisque don Quichotte est fou, puisque Sancho, son écuyer, le connaît pour tel, et que, malgré cette connaissance, il ne laisse pas de le suivre et de s'associer à ses folies, il s'ensuit que mon ami Sancho doit être un peu fou lui-même. D'après ce raisonnement, ma conscience me reproche d'employer mon crédit auprès de mon époux pour obtenir une île à Sancho, c'est-à-dire pour donner des hommes à gouverner à un homme qui n'est pas en état de se gouverner lui-même. — Vraiment ! répondit l'écuyer, votre manière de raisonner et votre scrupule sont fort justes. Je suis le premier à convenir que, si j'avais deux grains de bon sens, j'aurais depuis longtemps quitté mon maître ; mais, madame la duchesse, écoutez bien ce petit mot, qui vaut peut-

Sancho chez la duchesse.

être beaucoup de raison ; j'aime monseigneur don Quichotte, nous sommes du même village, il m'a nourri, m'a donné des ânons ; il a un bon cœur, moi aussi : nous ne nous séparerons qu'à la mort. Quant à ce gouvernement promis, si vous y voyez de l'inconvénient, je m'en passerai fort bien. Peut-être même sera-ce un bonheur pour moi de ne pas l'avoir. Notre curé raconte une fable que je n'ai jamais oubliée : c'est celle de la fourmi, qui voulut avoir des ailes, et qui s'en repentit bientôt. Sancho, écuyer, ira plus aisément en paradis que M. Sancho gouverneur. Vous connaissez le proverbe : Le pain est tout aussi bon ici qu'en France ; la nuit, tous les chats sont gris ; les riches ne dînent pas deux fois ; les petits oiseaux des champs ont le bon Dieu pour maître d'hôtel ; quatre aunes de gros drap tiennent aussi chaud que quatre aunes de fines étoffes ; au bout du compte il faut s'en aller ; et le prince ne fait pas ce voyage plus commodément que le journalier ; le pape et le sacristain d'un village n'occupent pas dans la terre plus de place l'un que l'autre ; debout, ils étaient différents ; couchés, c'est la même mesure. Ainsi, madame la duchesse, ne vous gênez point, je vous prie ; gardez votre île, si le cœur vous le dit ; pourvu que vous me donniez votre amitié, je serai plus content.

— « Non, non, bon Sancho, reprit la duchesse, vous devez savoir que la parole des chevaliers est sacrée : or, M. le duc est chevalier, quoiqu'il ne soit pas errant ; il vous a promis une île et vous l'aurez, en dépit de tous les envieux. Avant peu vous serez installé dans votre dignité de gouverneur, revêtu d'or et de soie, maître absolu dans votre île. Je recommande seulement de traiter avec bonté vos vassaux, qui sont tous des gens de bien. — Qu'ils soient tranquilles, madame la duchesse, et vous pouvez l'être sur ma parole.

CHAPITRE XVII

GRANDE AVENTURE DE LA FORÊT.

La duchesse, de plus en plus occupée de se divertir de ses hôtes, indiqua pour le lendemain une partie de chasse avec des chevaux, des piqueurs nombreux, et l'appareil le plus magnifique. On porta de sa part à notre héros un superbe habit de chasseur, que le chevalier refusa, d'après le vœu qu'il avait fait de ne jamais quitter ses armes. Sancho ne refusa point celui qu'on vint lui offrir, qui était d'un beau drap vert : il le regarda, l'examina bien, s'assura qu'il était tout neuf, et se promit de le vendre à la première occasion.

Dès le lendemain du jour fixé, don Quichotte, armé de pied en cap, Sancho, revêtu de son habit vert, vinrent attendre la duchesse, qui parut bientôt mise en amazone, une longue lance à la main ; et, belle, légère comme Diane, s'élança sur un beau coursier, dont notre héros tint la bride, malgré les instances du duc. On offrit à l'écuyer un vigoureux andalous, qui frappait la terre du pied : l'écuyer demanda son âne, et ne voulut jamais d'autre monture. Tous les chasseurs, à cheval, partirent à la suite de la duchesse, et se rendirent dans une forêt située entre deux montagnes. Là les postes furent pris, les chiens découplés, les toiles placées, et la chasse commença par des fanfares et des cris de joie. La courageuse duchesse descend aussitôt de son palefroi, court occuper un défilé par où les sangliers avaient coutume de passer, et prépare déjà sa lance. Don Quichotte et le duc, à pied, se tiennent à ses côtés. Sancho, qui venait d'apprendre que c'était aux sangliers qu'on en voulait, ne jugea point à propos de descendre de son âne ; il se mit derrière son maître, après s'être assuré d'une allée par laquelle on pût s'échapper.

A peine avait-il pris ses précautions, que tout à coup un sanglier énorme, poursuivi par la meute, paraît, vient, arrive, les yeux pleins de feu, la gueule écumante, présentant aux chiens, aux chasseurs, des défenses épouvantables. Don Quichotte, l'épée à la main, s'élance droit au sanglier ; le duc le suit : la duchesse, plus prompte, les aurait devancés tous deux, si son époux ne l'eût retenue. Sancho, voyant l'animal, se jette à bas de son âne, s'enfuit, et, gagnant un arbre, fait ses efforts pour monter dessus ; mais il ne peut arriver qu'à la moitié. Troublé par la peur, il saisit une branche sèche ; la branche casse sous sa main : Sancho tombe ; chemin faisant, une autre branche l'accroche et le tient suspendu dans l'air. Le malheureux écuyer, qui voit que la maudite branche déchire son habit vert, et qui craint encore, dans sa position, d'être à la portée du sanglier, se met à jeter des cris si perçants, que tout le bois en retentit. L'animal, pendant ce temps, expirait sous les coups des chasseurs. Don Quichotte aperçut alors l'écuyer au bout de la branche, les bras tendus, la tête en bas, et tout auprès de lui son âne, seul ami qui ne l'eût pas abandonné. Notre héros courut le délivrer. Sancho, mis à terre, ne s'occupa plus que de pleurer l'énorme déchirure de son bel habit vert tout neuf.

Les chasseurs, après avoir placé le sanglier sur un mulet, le couvrirent de rameaux de myrte, et le portèrent en triomphe jusqu'à des tentes dressées au milieu de la forêt. Là se trouvèrent des tables couvertes d'excellents mets ; on ne songea qu'à dîner.

CHAPITRE XVIII

CONSEILS DE DON QUICHOTTE A SANCHO SUR LE GOUVERNEMENT DE SON ILE.

Voulant mettre à profit la rare crédulité de leurs hôtes, le duc et la duchesse donnèrent des ordres pour que Sancho prît possession du gouvernement promis. Dès le lendemain le duc vint dire à notre écuyer de se tenir prêt à partir pour son île, où ses nouveaux sujets l'attendaient comme on attend la rosée du mois de mai. « Monseigneur, répondit Sancho en faisant une profonde révérence, mes sujets, ainsi que Votre Altesse, sont assurément beaucoup trop polis; mais je ne vous cacherai point que je ne me soucie guère de devenir gouverneur. Qu'est-ce, en effet, je vous le demande, que de commander dans un petit coin d'un grain de moutarde? Cela vaut-il la peine de s'en tourmenter ou d'en être fier? Le plus sage est de s'en tenir à l'état où la fortune nous a placés; d'y mener une vie obscure, irréprochable, tranquille, sans se mêler de gouverner quelques douzaines de ces petits hommes, qui de près ne sont pas grand'chose, et d'un peu loin ne sont rien du tout. — Comment, Sancho! reprit le duc, vous parlez en vrai philosophe, et vous prouvez chaque jour davantage que vous serez un excellent gouverneur. Au surplus, j'acquitte ma parole; je vous ai promis une île; elle est prête. Vous la trouverez belle, bonne, bien conditionnée; c'est à vous de voir si vous la voulez. — Oh! puisqu'elle est là, monseigneur, et qu'elle me vient de vous, je ne la refuserai point, quand ce ne serait que pour prouver que je m'entends en gouvernement tout aussi bien et peut-être mieux que tant de bavards qui en parlent. — Soyez donc prêt demain à vous rendre dans vos États. Ce soir on doit vous apporter les nouveaux habits et les autres choses nécessaires à votre dignité. — Comment sont-ils faits, ces nouveaux habits? On aura beau m'habiller de toutes les façons, je n'en serai pas moins Sancho Pança. — Sans doute, mais vous savez bien que des marques extérieures distinguent les diverses professions : un magistrat n'est pas mis comme un soldat, un soldat ne l'est point comme un prêtre. Vous, Sancho, qui devez être à la fois et militaire et lettré, vous aurez un vêtement qui tiendra de l'un et de l'autre. — Je crois vous avoir dit, monseigneur, que je n'étais pas un grand lettré, puisque je n'ai jamais su lire; mais beaucoup de gouverneurs ne l'ont guère su plus que moi. Quant à mes qualités militaires, je me bats fort bien lorsque je suis le plus fort. Voilà tout ce que je peux vous offrir. »

Don Quichotte arriva dans ce moment ; il venait d'être instruit de ce qui se passait ; et voulant donner à Sancho quelques conseils sur sa conduite future, il demanda la permission au duc de l'emmener dans sa chambre. Là, quand il eut fermé la porte et forcé l'écuyer de s'asseoir à ses côtés, il le pria de l'écouter et lui parla longuement de ses nouveaux devoirs.

— « Ton cœur est bon, dit don Quichotte en terminant, et c'est le premier mérite. Ami, tu seras gouverneur ; je t'écrirai de ma main les avis qui te sont nécessaires ; ils suffiront, j'espère, pour te guider. Allons, plus d'inquiétude, suis-moi, l'on m'attend pour dîner. »

CHAPITRE XIX

DÉPART DE SANCHO POUR SON ILE. — ÉTRANGE AVENTURE ARRIVÉE A DON QUICHOTTE.

Don Quichotte, selon sa promesse, remit à Sancho ses conseils par écrit. L'intendant reçut ordre, dès le même soir, de conduire le nouveau gouverneur dans le bourg qu'on appelait son île. Il se rendit en cérémonie auprès de notre écuyer, qu'on avait déjà revêtu d'une espèce de simarre et d'un manteau mordoré, avec la toque pareille. Sancho, dans cet équipage, accompagné d'une suite nombreuse, alla prendre congé du duc et de la duchesse, dont il baisa tendrement la main ; ensuite, le cœur gros de soupirs, il vint embrasser les genoux de son maître, qui lui donna sa bénédiction, avec des yeux pleins de larmes. Le bon écuyer ne put retenir les siennes ; enfin il se mit en chemin, monté sur un beau mulet, et suivi de son âne chéri, que le duc avait fait couvrir d'un magnifique harnais. Sancho retournait souvent la tête pour le regarder avec complaisance ; et, presque aussi reconnaissant des honneurs rendus à son âne que de ceux rendus à lui-même, il s'avançait vers sa capitale, plus content et plus satisfait que le successeur des Césars.

Laissons aller en paix Sancho, pour nous occuper de son maître, qui ne l'eut pas plus tôt perdu qu'il se trouva dans une affreuse solitude. Une profonde mélancolie s'empara du cœur de notre héros. La duchesse, qui s'en aperçut, le supplia de choisir dans toute sa maison quelqu'un qui pût le servir à la place de Sancho. « Non, madame, répondit tristement le chevalier, je ne puis accepter de vos bontés que le sentiment qui vous les inspire ; j'ose même prier Votre Excellence de défendre à vos serviteurs d'entrer jamais dans mon appartement. »

Aussitôt après le souper, notre héros se retira dans sa chambre, dont il ferma la porte soigneusement ; ensuite, à la clarté de deux bougies, il se déshabilla tout seul. Mais, hélas! en tirant ses bas, notre malheureux chevalier fit sauter à l'un des deux une douzaine de mailles, ce qui lui causa un violent chagrin. Il n'avait, il faut bien le dire, que cette seule paire de bas, et pas un brin de soie verte, car ils étaient de cette couleur, pour raccommoder cet énorme trou.

Tourmenté par ces tristes idées, et résolu de mettre ses bottes le lendemain, notre héros éteignit ses bougies, se coucha.

Un bourg à peu près de mille maisons, qui appartenait au duc, composait le puissant État où Sancho devait donner des lois. On lui dit que ce bourg s'appelait l'île de Barataria. Aux portes de sa capitale, Sancho trouva les principaux du peuple, qui venaient au-devant de lui. Les cloches sonnèrent; tous les habitants témoignèrent une grande joie. Notre écuyer, au milieu d'eux, fut porté en triomphe à la paroisse, où il rendit grâces à Dieu ; après quoi les clefs de la ville lui furent remises, et des crieurs publics le proclamèrent gouverneur perpétuel de l'île de Barataria. Le bon Sancho reçut tous ces honneurs en silence, d'un air grave, sans paraître trop surpris; mais ceux des habitants qu'on n'avait pas mis du secret ne laissaient pas d'être étonnés de la mine, de

Entrée de Sancho Pança dans son île.

la barbe épaisse, de la taille courte et ronde de celui qu'on leur avait choisi pour maître.

Au sortir de l'église, Sancho, conduit à la salle de justice, fut installé sur un siège de velours, sous un magnifique dais. L'intendant du duc, qui faisait l'office de maître des cérémonies, lui dit avec respect : « Seigneur, une coutume antique et révérée prescrit au nouveau gouverneur qui prend possession de cette île de commencer par juger deux ou trois causes un peu difficiles, afin que son peuple, témoin de sa sagesse, se réjouisse d'avance de la félicité dont il doit jouir : Votre Seigneurie ne refusera point sans doute de se soumettre à cet usage.

Comme il parlait, entrèrent deux hommes, dont l'un était vêtu en paysan, et dont l'autre portait de grands ciseaux. « Seigneur gouverneur, dit celui-ci, je suis tailleur de mon métier ; hier ce laboureur est venu me trouver dans ma boutique, et, me montrant un morceau de drap : — Pourriez-vous, m'a-t-il dit, faire une capote avec l'étoffe que voici? Oui, lui ai-je répondu sur-le-champ, j'en aurai assez pour une capote.

« Surpris de ce que je n'hésitais pas, et croyant sans doute que je voulais lui voler de son drap : — Regardez bien, a-t-il repris, n'en auriez-vous pas assez pour deux capotes ? — Oh ! mon Dieu, oui ! lui ai-je dit en souriant ; car j'ai deviné ses soupçons. Alors il m'en a demandé trois ; et augmentant toujours le nombre à mesure que je promettais de le satisfaire, nous avons fini par convenir ensemble que je lui livrerais cinq capotes. Elles sont prêtes, et cet honnête homme refuse non seulement de m'en payer la façon, mais il veut que je lui rende son drap. J'ai recours à votre justice.

— « Mon frère, demanda Sancho au laboureur, le fait s'est-il passé comme il le dit ? — Je le confesse, répondit il ; mais je demande à Votre Seigneurie d'ordonner qu'on lui montre les cinq capotes. — Très volontiers, s'écria le tailleur en tirant sa main de dessous son manteau, et faisant voir au bout de ses cinq doigts cinq petites capotes fort jolies : Vous les voyez, ajouta-t-il ; je les donne à examiner au plus habile tailleur, il n'y trouvera pas un point à reprendre ; et je jure sur ma conscience qu'il ne m'est pas resté le plus petit morceau de drap. »

Tout le monde se mit à rire ; Sancho seul ne perdit point sa gravité. « Le bon sens, dit-il, dans cette occasion, doit tenir la place de la loi : j'ordonne que le tailleur perde sa façon, et le laboureur son étoffe. Appelez-en d'autres ; car le temps m'est cher, et je n'aime pas le perdre. »

Deux vieillards se présentèrent. « Seigneur, dit l'un d'eux, j'ai prêté dix écus d'or à cet homme. Un long temps s'est écoulé sans qu'il m'ait parlé de sa dette : voyant qu'il paraissait l'avoir oubliée, je l'ai prié de me rendre mon or. Quelle a été ma surprise lorsque, pour toute réponse, il m'a dit me l'avoir rendu ! Je n'ai ni billet ni témoins. Je demande à Votre Seigneurie d'ordonner à mon débiteur de jurer qu'il m'a payé ; je l'ai toujours connu pour un honnête homme, je ne puis croire qu'il voulût faire un faux serment.

— « Qu'avez-vous à dire ? demanda Sancho à l'autre vieillard, qui écoutait en silence, appuyé sur un gros bâton. — Je suis prêt, répondit-il, à jurer sur votre baguette de juge que j'ai remis à cet homme les dix écus d'or qu'il m'a prêtés. » Sancho baissa sa baguette, et le vieillard, donnant son bâton à tenir à son créancier, étend la main sur la croix de la baguette, et fait serment qu'il a rendu la somme qu'on lui demandait ; ensuite il reprend son bâton, et, d'un air assuré, regarde tout le monde. Le premier vieillard, étonné, considère quelques instants celui qui venait de jurer, puis il lève les yeux au ciel avec plus de pitié que de colère, et, sans rien dire, il allait sortir, lorsque Sancho le rappela. Sancho, qui n'avait pas perdu un seul de leurs mouvements, comparait, en se frottant le front, les visages des deux plaideurs, et distinguait fort bien sur l'un le caractère de la probité. « Tout n'est pas fini, dit-il ; vieillard, qui jurez si facilement, donnez-moi votre gros bâton. — Prenez-le, continua-t-il, vous qui demandez ce qui vous est dû, vous pouvez partir à présent, sur ma parole ; vous êtes payé. — Mais, seigneur, reprit le créancier, ce bâton ne vaut pas six écus d'or.— Je pense qu'il les vaut, répond le gouverneur ; et, pour nous en assurer, j'ordonne qu'on le brise tout à l'heure. » Il est obéi ; les dix écus d'or sortent du milieu du bâton. Toute l'assemblée applaudit, et les habitants de l'île ne doutent plus que leur gouverneur ne soit un nouveau Salomon.

CHAPITRE XX

NOUVELLE PERSÉCUTION QU'ÉPROUVA NOTRE CHEVALIER.

Pendant ce temps, le héros de la Manche, affligé de l'absence de son écuyer, fâché d'avoir déchiré ses bas verts, ne pouvait trouver le sommeil. Dès que l'aurore parut, il se leva, prit son habit de peau de chamois, ses bottes, son manteau d'écarlate, sa belle toque de velours vert, le grand rosaire qu'il ne quittait jamais, et, dans cet équipage, descendit chez la duchesse.

La promenade et la conversation remplirent cette journée. Le soir venu, notre chevalier se retira de bonne heure et trouva sur sa table une vielle. Il rendit grâces au hasard qui lui présentait l'instrument dont il jouait le moins mal, se hâta de l'accorder, se plaça sur son balcon, dont il ouvrit la jalousie, et, d'une voix un peu enrouée, se mit à chanter une romance que la duchesse et toutes ses femmes écoutaient dans le jardin.

Comme il en était au dernier couplet, tout à coup d'une fenêtre, placée au-dessus de la jalousie, on jette sur notre héros un grand sac rempli de chats, qui portaient tous des grelots à la queue. Le bruit qu'ils firent en tombant épouvanta le duc et la duchesse, qui n'étaient pas instruits de ce tour. Don Quichotte, d'abord effrayé, ne douta point qu'une légion de diables ne vînt l'attaquer. Il rappelle son courage, prend son épée, et se met à poursuivre les chats qui couraient par toute sa chambre. Ces animaux, en fuyant, éteignent bientôt les bougies. Notre chevalier, dans les ténèbres, étourdi par le bruit des grelots, allongeait à droite, à gauche, des coups d'estoc et de taille, en criant de toutes ses forces : « Hors d'ici, magiciens perfides ! hors d'ici, canaille infernale ! don Quichotte vous brave tous. » Les malheureux chats, aussi troublés que lui, sautaient sur les meubles, sur les corniches, roulaient des yeux comme des escarboucles, et remplissaient l'air de leurs miaulements. Un d'eux, blessé par le héros, s'élance droit à son visage, s'attache à son nez avec les griffes, et lui fait pousser des cris effroyables. Le duc, la duchesse, leurs gens se pressent d'accourir à ses cris. Ils arrivent avec des flambeaux : ils trouvent notre chevalier employant vainement ses forces à se débarrasser de son ennemi, qui, grondant, soufflant et jurant, ne voulait pas abandonner son poste. On se hâta d'aller à son secours. « N'approchez pas, criait le héros, seul je saurai venir à bout de ce magicien, de cet enchanteur, quelque forme qu'il puisse prendre. Heureusement le chat, épouvanté, prit la fuite avec ses compagnons, et la duchesse, peu satisfaite d'une plaisanterie qui coûtait du sang à don Quichotte, envoya chercher des compresses pour panser ses égratignures.

Don Quichotte remercia le duc et la duchesse des soins qu'ils lui prodiguaient, les assura qu'il connaissait parfaitement les ennemis qu'il venait de combattre, et, le pansement achevé, pria qu'on le laissât dormir.

CHAPITRE XXI

CONTINUATION DU GOUVERNEMENT DE SANCHO PANÇA.

Ce même jour, l'illustre Sancho, après avoir fait éclater sa sagesse dans les jugements qu'on a rapportés, fut conduit en grande pompe de la salle de justice au palais qui devait être sa demeure. Là, dans une vaste salle, était dressée une grande table, couverte d'excellents mets. Dès que Sancho parut, des fifres, des hautbois se firent entendre, et quatre pages vinrent présenter une aiguière au gouverneur, qui se lava gravement les mains, en regardant de côté le dîner. La musique ayant cessé, Sancho vint s'asseoir à table, où son couvert était seul. A ces côtés se plaça debout un vénérable et grand personnage, vêtu de noir, portant une longue baguette à la main. Sancho, sans rien dire, mais d'un air inquiet, le considéra quelques instants, tandis qu'un jeune bachelier bénissait les mets, et que le maître d'hôtel approchait les meilleurs plats.

Notre gouverneur, qui mourait de faim, se hâta de remplir son assiette ; mais à peine il portait à sa bouche le premier morceau, que le grand personnage noir baissa sa baguette, et sur-le-champ l'assiette et le plat furent emportés. Le maître d'hôtel vient diligent présenter un autre mets : le gouverneur veut en goûter ; la baguette arrive avant lui, le mets disparaît comme l'autre. Surpris et peu satisfait de cette promptitude à dégarnir la table, Sancho demande à l'homme à la baguette si la coutume du pays était de dîner comme l'on joue à passe-passe. « Non, seigneur, répond le grand personnage : j'ai l'honneur d'être le médecin des gouverneurs de cette île ; cette place qui me fait jouir de fort gros appointements, me prescrit le soin d'étudier le tempérament, la complexion de monseigneur, afin de lui faire éviter tout ce qui pourrait être nuisible à sa précieuse santé. Pour cela, j'assiste toujours à ses repas, et je ne lui laisse manger que les choses qui lui conviennent. Le premier plat, dont Votre Seigneurie a goûté, était un aliment froid, que son estomac aurait eu de la peine à digérer ; le second, au contraire, était chaud, provoquant trop à la soif, risquant d'enflammer les entrailles et d'absorber l'humide radical si nécessaire à la vie.

— « C'est à merveille, reprit Sancho ; mais, par exemple, ces perdrix rôties ne peuvent que me faire du bien, je vais en manger une ou deux, sans courir le plus petit danger.

— « Non assurément, monseigneur, et je vous défends d'y toucher. — Pourquoi cela, s'il vous plaît ? — Parce que notre maî-

tre Hippocrate a dit expressément dans ses Aphorismes : *Omnis saturatio mala, perdrix autem pessima* ; ce qui signifie que la perdrix est le plus mauvais des aliments. — Cela étant, monsieur le docteur, faites-moi le plaisir de bien regarder tout ce qui est sur la table, de marquer une bonne fois ce qui est salutaire, ce qui est nuisible, et puis de me laisser manger à mon aise ; car, de quelque façon que ce soit, je vous avertis qu'il faut que je dîne, et je ne suis pas gouverneur pour le plaisir de mourir de faim.
— Votre Seigneurie a raison ; je vais lui indiquer les aliments qu'elle pourra se permettre. Ces lapereaux ne valent rien parce que c'est un gibier lourd ; ce veau ne vous est pas meilleur, parce que ce n'est pas une viande faite ; ces ragoûts sont détestables, à cause des épiceries ; ce rôti, s'il n'était pas lardé, pourrait vous être permis, mais comme le voilà, c'est impossible. — Mais, monsieur le docteur, cette oille que je vois fumer au bout de la table, et dont je sens d'ici le parfum, cette oille est composée de toutes sortes de viandes : il est impossible que dans le nombre je n'en trouve pas quelqu'une qui me convienne. Portez-moi cette oille, maître d'hôtel. — Je le lui défends sur sa tête. Juste ciel ! qu'osez-vous demander ? Rien n'est plus malsain, rien n'est plus funeste qu'une oille ; il faut laisser ce mets grossier aux chanoines, aux professeurs de collège, aux festins de noces des laboureurs : leurs estomacs peuvent s'en accommoder ; mais celui d'un gouverneur demande des aliments plus légers. Votre Seigneurie doit fort bien dîner avec un peu de conserve de coings, ou quelque autre confiture ; et si elle sent une grande faim, elle peut y joindre un ou deux biscuits. »

A ces mots, Sancho se renverse sur le dossier de son fauteuil, et toisant le médecin depuis les pieds jusqu'à la tête : « Monsieur le docteur, dit-il, comment vous nommez-vous, s'il vous plaît ? — Je m'appelle, répondit-il, le docteur Pedro Recio de Agüero ; je suis né dans le village de Tirtea de Fuera, qui est entre Caroquet et Almodovar del Campo, sur la droite ; et j'ai pris le bonnet de docteur dans l'Université d'Ossone. — Eh bien ! s'écria

Sancho avec des yeux brûlants de colère, monsieur le docteur Pedro Recio de Agüero, natif de Tirtea Fuera, qui avez pris le bonnet à Ossone, sortez tout à l'heure de ma présence, sinon je jure Dieu que je vous fais pendre, vous et tous les médecins de Tirtea Fuera que je trouverai dans mon île ; sortez, dis-je, peste des humains et fléau des gouverneurs, ou je vous étrille si bien, que jamais lapin ou perdrix ne risquera de vous faire du mal. Que l'on me donne à manger, je l'ai bien gagné ce matin. »

Le docteur, tout tremblant, s'enfuit. Sancho, remis à peine de sa fureur, allait commencer à dîner, lorsqu'on entendit le bruit d'un courrier. Le maître d'hôtel, regardant par la fenêtre, s'écria : « Voici sûrement des nouvelles importantes, car c'est de la part de monseigneur le duc. » Le courrier, couvert de poussière, vint présenter un paquet à Sancho, qui le remit à l'intendant, et s'en fit lire l'adresse. Elle portait : « A don Sancho Pança, gouverneur « de l'île de Barataria, pour être remise en ses propres mains ou « dans celles de son secrétaire. » — « Qui est mon secrétaire ? demanda Sancho. — C'est moi, seigneur, répondit un jeune homme avec un accent biscaïen. — Ah ! ah ! c'est la première fois qu'on a pris des secrétaires dans votre pays. Lisez cette lettre, si vous pouvez, et rendez-m'en compte. »

Le Biscaïen, après l'avoir lue, demanda de parler seul à M. le gouverneur. Tout le monde se retira, excepté l'intendant ; et le secrétaire fit lecture de la lettre, qui s'exprimait en ces termes :

« Je viens d'être averti, seigneur don Sancho, que mes enne-
« mis et les vôtres doivent venir vous attaquer pendant la nuit.
« Tenez-vous prêt à les recevoir. Je sais de plus, par des espions
« fidèles, que quatre assassins déguisés sont entrés dans votre
« ville ; ils en veulent à vos jours. Examinez avec soin tous ceux
« qui vous approcheront, et surtout ne mangez de rien de ce
« qu'on vous présentera. Je me prépare à vous secourir, mais
« j'espère tout de votre valeur et de votre prudence.

« Votre ami, le duc. »

« Monsieur l'intendant, s'écria Sancho lorsqu'il eut entendu cette lettre, la première chose que nous ayons à faire, c'est de mettre dans un cul-de-basse-fosse le docteur Pedro Recio, car, si quelqu'un en veut à mes jours, ce ne peut être que lui, qui voulait me faire mourir de faim. — Seigneur, répondit l'intendant, l'avis que nous venons de recevoir mérite la plus sérieuse attention. J'ose supplier Votre Seigneurie de ne toucher à aucun des mets qui sont sur sa table, attendu que je ne puis répondre des personnes qui les ont apprêtés. — A la bonne heure ! reprit tristement Sancho ; mais faites-moi donc apporter du pain bis avec quelques livres de raisin : ce serait bien le diable si on les avait empoisonnés. De façon ou d'autre, il faut que je mange ; les gouverneurs ne peuvent vivre d'air, surtout quand ils sont à la veille de livrer des batailles. Quant à vous, mon secrétaire, répondez à M. le duc que je ferai de point en point tout ce qu'il me recommande, ajoutez des baise-mains un peu galants pour madame la duchesse. Dites aussi quelque chose pour monseigneur don Quichotte, afin qu'il voie que je ne suis pas un ingrat, et arrangez le tout d'un bon style, comme un Biscaïen que vous êtes. Allons ! continua-t-il en soupirant, qu'on desserve cette belle table et qu'on m'apporte mes raisins, puisque les coquins qui m'en veulent me réduisent à ce triste dîner. »

Bientôt l'intendant, pour lui rendre un peu de courage, vint lui dire qu'il avait lui-même pris le soin de préparer un bon souper, dont Sa Seigneurie pouvait manger sans aucune crainte. Sancho embrassa l'intendant, déclara qu'il serait toujours le meilleur de ses amis, le nomma son premier ministre, et, se mettant de bonne heure à table, reprit bientôt toute sa belle humeur. « Je ne demande pas mieux, disait-il en faisant disparaître les plats que l'on apportait devant lui d'une autre manière que le docteur Recio, je ne demande pas mieux que de travailler, pourvu que l'on ait soin de moi et de mon âne ; je gouvernerai cette île en conscience, je me lèverai matin, je ferai tout ce qu'il faudra pour que l'on soit heureux et content ; mais il est juste que je le sois aussi. Je permets très fort que l'on examine, que l'on contrôle mes actions ; je serai charmé qu'on ait les yeux ouverts sur moi. L'homme qu'on regarde en vaut mieux : le diable n'ose se montrer de jour ; et si l'abeille vivait seule, elle ne ferait pas tant de miel. »

L'intendant, qui ne le quittait pas, et qui souvent était étonné de son esprit, l'assura que ses nouveaux sujets étaient pénétrés pour sa personne et de respect et d'amour : il lui proposa, quand il eut soupé, de venir faire la ronde dans les différents quartiers de son île. « Je le veux bien, répondit Sancho : je vous avertis d'abord que mon intention est de chasser d'ici les vagabonds, les fainéants, tous ceux qui ne veulent ou ne savent pas gagner le pain qu'ils mangent, et qui s'introduisent dans un État policé comme les frelons dans les ruches. Point d'oisifs dans mes États, c'est le moyen qu'il n'y ait point de vices : le proverbe le dit, et les proverbes ont toujours raison. Je protègerai les laboureurs, quand ils ne ressembleront pas à celui de Miguel Turra ; je ferai respecter la religion, j'honorerai les bonnes mœurs, et je serai sans pitié pour les fripons. C'est-il bien parler, mes amis ? Dites en toute liberté ; j'aurai de la reconnaissance pour ceux qui me reprendront.

— « Nous ne pouvons que vous admirer, lui répondit l'intendant ; et cette admiration sera partagée par les personnes qui vous ont envoyé dans cette île, sans connaître peut-être elles-mêmes le prix du présent qu'elles nous ont fait. Mais onze heures viennent de sonner : il est temps que Votre Seigneurie commence la ronde. »

Sancho sortit aussitôt, sa baguette de juge à la main, suivi de son secrétaire, de l'intendant, de l'historiographe qui tenait registre de ses actions, et d'une troupe d'archers. A peu de distance du palais, il entendit un bruit d'épées dans une petite rue ; la garde y courut par son ordre, et ramena deux hommes qu'on avait surpris se battant. « Pourquoi vous battez-vous ? leur dit

Sancho d'une voix sévère : n'avez-vous pas un gouverneur qui saura vous rendre justice ? — Seigneur, répondit un des deux hommes, Votre Excellence approuvera sans doute ma délicatesse sur le point d'honneur. Ce gentilhomme avec qui j'ai querelle sort d'une maison de jeu, où il vient de gagner plus de mille réaux. Dieu et moi nous savons comment : j'étais témoin ; j'ai jugé en sa faveur tous les coups au moins douteux. Lorsqu'il a été dans la rue, je suis venu loyalement lui demander une marque de juste reconnaissance ; ce fripon n'a pas eu honte de me présenter quatre réaux. Il me connaît cependant ; il sait que je suis un homme d'honneur, qui n'ai pas d'autre métier que de passer ma vie dans les maisons de jeu à décider les coups difficiles. Indigné d'un procédé si offensant, j'ai mis l'épée à la main pour lui donner une leçon de politesse et de probité.

— Qu'avez-vous à répondre ? demanda le gouverneur à celui dont on parlait. — Rien du tout, reprit celui-ci ; tout ce qu'a dit cet homme est exact, excepté que tout ce que j'ai gagné m'appartient légitimement, et que la preuve certaine que je n'avais nul besoin de ses décisions, c'est que je n'ai voulu et ne veux lui donner que quatre réaux. — Vous lui en donnerez cent tout à l'heure, interrompit Sancho ; mais il n'en profitera guère, car je les confisque pour les pauvres ; ensuite vous paierez une amende de deux cents autres réaux, qui seront pour les prisonniers ; après quoi vous et cet homme d'honneur, qui n'a d'autre métier que de décider les coups de jeu, vous serez conduits par quatre archers hors de mon île ; et si vous avez l'audace d'y remettre les pieds, je vous ferai jouer ensemble une partie de triomphe à une potence de huit pieds de haut. Vous entendez ? Tout est dit ; qu'on exécute ma sentence.

Les trois cents réaux furent payés sur-le-champ ; l'intendant se chargea de leur distribution, et quatre archers conduisirent les deux joueurs hors de la ville. A l'instant même, une autre patrouille amenait un jeune garçon, qui s'était enfui dès qu'il avait vu paraître la garde, et lui avait donné beaucoup de peine avant de se laisser attraper. « Pourquoi vous enfuir ? demanda Sancho. — Pour n'être pas pris, répond le jeune homme. — Je le crois, mais où alliez-vous à l'heure qu'il est ? — Toujours devant moi, monseigneur. — Toujours devant vous ; c'est fort bien répondre. Vous aviez un but, un dessein ; quel était-il, s'il vous plaît ? — De prendre l'air. — Ah ! de prendre l'air, je comprends. Mais où vouliez-vous prendre l'air ? — Là où il souffle. — C'est juste. Vous me paraissez gai, mon ami ; j'aime beaucoup les gens de cette humeur, et je me fais toujours un plaisir de leur donner un logement, pour peu que je m'aperçoive qu'ils n'en ont pas. Imaginez donc que c'est moi qui suis l'air, et que je souffle d'un côté qui vous mène droit en prison. Allez-y passer la nuit ; nous verrons demain si le vent a changé. »

CHAPITRE XXII

LABORIEUSE FIN DU GOUVERNEMENT DE SANCHO.

Rien n'est stable dans ce monde : le temps, qui jamais ne s'arrête, vole en détruisant sans cesse. L'été remplace le printemps, l'automne l'été, l'hiver l'automne : tout passe, tout se renouvelle, excepté la vie humaine, qui passe, hélas ! sans se renouveler.

Sept jours s'étaient écoulés depuis que l'illustre gouverneur tenait les rênes de son empire. Accablé de lassitude, n'en pouvant plus, rassasié, non de bonne chère, mais de procès, de règlements, de lois nouvelles, il profitait du calme de la nuit pour prendre un moment de repos, et commençait à livrer au sommeil ses paupières affaissées, lorsque tout à coup il est réveillé par des clameurs, le son des cloches, et l'épouvantable bruit qu'il entend dans toute la ville. Il lève la tête, s'assied sur son lit, écoute attentivement, le bruit redouble, et les trompettes, les tambours, les divers instruments de guerre se mêlent aux coups redoublés des tocsins. Surpris, troublé, saisi de frayeur, il se jette à bas, chausse ses pantoufles, et, sans se donner le temps de se vêtir, il court à la porte de sa chambre. A l'instant même arrivent en courant une vingtaine de personnes l'épée à la main, portant des flambeaux et criant de toutes leurs forces : « Aux armes, seigneur gouverneur ! les ennemis sont dans l'île, nous sommes perdus ; nous n'avons d'espoir que dans votre seule vaillance. »

A ces paroles Sancho, interdit, regarde en silence ceux qui lui parlaient. « Armez-vous donc, lui dit un d'entre eux, armez-vous, seigneur, ou c'est fait de vous et de votre gouvernement. — J'aurai beau m'armer, répondit-il, il n'en sera ni plus ni moins. Je n'entends pas grand'chose aux armes : cette affaire-ci regarde mon maître ; c'est à lui qu'il faut la laisser. Je vous réponds qu'en un tour de main il vous aura fait place nette ; mais quant à moi, je vous le répète, les batailles ne sont pas mon fort. — Qu'osez-vous dire, seigneur ? Vous êtes notre capitaine, notre chef, notre général. Nous vous apportons des armes offensives et défensives ; hâtez-vous de vous en servir, et que chacun ici fasse son devoir, vous en marchant à notre tête, nous en mourant pour vous défendre. — A la bonne heure, messieurs, armez-moi donc, puisque vous le voulez. »

Aussitôt sur la chemise du malheureux gouverneur on applique deux larges boucliers, l'un par devant, l'autre par derrière ; on les attache ensemble avec des liens, en faisant passer ses bras par les vides des deux boucliers. Ainsi serré comme entre deux étaux, Sancho se trouve pris jusqu'aux genoux, qu'il n'a pas même la liberté de ployer ; il demeure fixe, immobile, debout et droit comme un fuseau. On lui met une lance à la main, sur laquelle il appuie le poids de son corps ; et tous alors, avec de grands cris, lui disent : « Venez, guidez-nous, nous sommes sûrs de la victoire : allons, marchez, digne héros. — Eh ! comment voulez-vous que je marche ? répond le triste gouverneur, je ne peux pas remuer les jambes, tant vous m'avez bien emboîté entre ces planches, qui m'étouffent! N'espérez pas que j'aille avec vous si vous ne prenez la peine de me porter. Vous me poserez ensuite au poste qu'il vous plaira, je vous réponds bien de rester à ce poste. — Ah! seigneur gouverneur, ce ne sont pas ces boucliers qui vous empêchent de marcher; rien n'arrête jamais les hommes courageux. Mais le temps se perd, le péril croît, l'ennemi s'avance : allons! faites un effort! »

Sancho, piqué de ces reproches, voulut tenter de se remuer. Au premier mouvement qu'il fait, il perd son aplomb, et tombe par terre; là, il reste comme la tortue ensevelie dans sa profonde écaille ou comme un bateau jeté sur le sable, où il demeure engravé. Sans pitié pour lui, les mauvais plaisants qui l'environnaient ne font pas semblant de l'avoir vu tomber. Ils éteignent les flambeaux, redoublent leurs cris, vont, viennent, courent, se précipitent les uns sur les autres, en faisant retentir le bruit des épées sur les casques, sur les écus. A chaque coup, Sancho, tremblant, Sancho, suant à grosses gouttes, retirait sa tête sous ses boucliers, se ramassait, se faisait petit autant qu'il lui était possible, et recommandait son âme à Dieu. Ce fut bien pis lorsqu'un des combattants s'avisa de monter debout sur le pauvre gouverneur, et de là, comme d'un poste élevé, se mit à commander l'armée, en criant : « Marchez ici, les ennemis viennent par là; courez vite de ce côté; renforcez ce corps de garde; fermez cette porte; palissadez ce passage; apportez des grenades, de la poix, de l'huile bouillante : barricadez les rues : courage, amis, tout va bien! — Ce n'est pas pour moi que tout va bien, disait en lui-même le pauvre Sancho, qui écoutait et portait le babillard commandant. Oh! si le bon Dieu me faisait la grâce de donner cette île aux ennemis, je l'en remercierais de bon cœur! »

A l'instant même il entend crier : « Victoire! victoire! ils ont pris la fuite. Levez-vous, seigneur gouverneur, venez jouir de votre triomphe, venez partager les dépouilles que nous devons au puissant effort de votre bras invincible. — Si vous voulez que je me lève, répond Sancho d'une voix dolente, il faut d'abord que vous me leviez. » On le mit alors sur ses pieds. « Je suis bien aise, reprit-il, que les ennemis soient battus ; je ne leur ai pas fait grand mal, et j'abandonne ma part des dépouilles pour un petit doigt de vin, si quelqu'un de vous a la charité de me le donner. » On courut lui chercher du vin, on le délivra des deux boucliers et, ruisselant de sueur, on le porta sur son lit, où il fut quelque temps à reprendre ses sens. Enfin, ayant retrouvé un peu de force, il demanda quelle heure il était. On lui dit que l'aurore allait paraître. Sans répondre, il se leva, s'habilla lentement, dans un grand silence, s'en alla droit à l'écurie, suivi de toute sa cour.

Là, s'approchant de son âne, il lui prit la tête dans ses deux mains, il lui donna un baiser sur le front ; et, fixant sur lui des yeux pleins de larmes : « Mon ami, dit-il, mon vieux camarade, toi qui ne t'es jamais plaint de partager ma misère tant que je ne t'ai pas quitté, tant que, satisfait de mon sort, je ne pensais qu'à te nourrir ou à raccommoder ton bât, mes heures, mes jours, mes années étaient heureuses ; depuis que la vanité, l'ambition, le sot orgueil, ont pris place dans mon cœur, je n'ai senti que des peines, des chagrins et des maux cuisants. »

En disant ces mots, et sans prendre garde à personne, il s'en va chercher le bât, revient le mettre sur l'âne, l'y attache, monte dessus, et regardant l'intendant, le secrétaire, le maître d'hôtel, le docteur Pedro Recio, qui l'environnaient : « Messieurs, dit-il, laissez-moi passer, laissez-moi retourner à mon ancienne vie, à mon ancienne liberté sans laquelle il n'est point de bonheur. Je ne suis point né, je le sens, pour gouverner ou défendre des îles. Je m'entends mieux à labourer, à bêcher, à tailler la vigne, qu'à faire des ordonnances et à livrer des batailles. Saint Pierre n'est bien qu'à Rome ; chacun n'est bien que dans son état. La baguette de gouverneur pèse plus à ma main que la faucille ou le hoyau. J'aime mieux me nourrir de pain bis que d'attendre la permission d'un impertinent médecin pour manger des mets délicats ; j'aime mieux dormir à l'ombre d'un chêne que de ne pas fermer l'œil sous des rideaux de satin. Pauvreté, paix et liberté, voilà les seuls biens de ce monde. Adieu, messieurs, je vous salue ; nu je vins, nu je m'en vas ; j'entrai dans le gouvernement sans avoir un sou dans ma poche, j'en sors sans avoir une maille. Je souhaite que tous les gouverneurs puissent en dire autant. Serviteur, messieurs, laissez-moi partir : il est temps que j'aille me faire panser : car j'ai les côtes brisées, grâce à messieurs les ennemis, qui n'ont pas cessé depuis hier au soir de se promener sur mon corps.

— « Tranquillisez-vous, seigneur, reprit le docteur Pedro Recio, je vais vous donner un certain breuvage qui rétablira sur-le-champ vos forces, et je vous promets de vous laisser manger tous les mets qui vous conviendront. — Bien obligé, bien obligé, monsieur de Tirtea Fuera ; il est trop tard, votre breuvage et vos belles paroles ne me tentent point ; je ne veux pas plus de vos ordonnances que je ne veux de gouvernement : ce n'est pas moi que l'on attrape deux fois. Je suis de la race des Pança, race opiniâtre et têtue ; lorsqu'ils ont dit une fois non, le diable ne leur ferait pas dire oui. Bonsoir, bonsoir : je laisse dans cette écurie les ailes de la fourmi, qui, s'étant avisée de voler, pensa être mangée par les hirondelles. Je ne veux plus voler, je veux marcher terre à terre, à pied, sinon en escarpins, du moins en sabots. Il faut, pour que tout aille bien, mettre les moutons avec les moutons, et ne pas étendre la jambe plus loin que ne va le drap. Adieu pour la dernière fois ; le temps s'écoule, j'ai du chemin à faire.

— « Seigneur, dit alors l'intendant, malgré les regrets douloureux que doit nous laisser votre perte, nous ne vous retiendrons point de force ; mais il est d'usage que tout gouverneur rende compte de son administration avant de quitter sa place ; ayez la bonté de remplir ce devoir, et vous partirez ensuite. — Monsieur, répondit Sancho, personne, hors monseigneur le duc, n'a le droit de me demander ce compte ; or, je m'en vais trouver monseigneur le duc, et je le ferai volontiers juge de toutes mes actions ; d'ailleurs, je vous ai dit que je sortais d'ici tout aussi pauvre que j'y étais entré : c'est une preuve assez bonne, je crois, que j'y suis resté honnête homme. — Le grand Sancho a raison, s'écria le docteur Pedro Recio ; affligeons-nous de le voir partir, mais laissons-lui sa pleine liberté. » Cet avis prévalut. On offrit au gouverneur, on le pressa de prendre avec lui tout ce dont il pouvait avoir besoin ; le modeste Sancho ne voulut rien, qu'un peu d'orge pour son âne et un morceau de pain et de fromage pour lui. Après avoir embrassé tout le monde, non sans répandre quelques larmes, il se mit en chemin, laissant les mauvais plaisants qui l'avaient tant tourmenté aussi surpris de sa résolution subite que de sa profonde sagesse.

CHAPITRE XXIII

DE CE QUI ARRIVA DANS LA ROUTE A SANCHO PANÇA.

Sancho, moitié triste, moitié joyeux, cheminait au petit pas, et songeait au plaisir qu'il aurait à retrouver son maître, qu'il chérissait plus que tous les gouvernements de la terre. Quand il se vit à peu près à la moitié de sa route, il s'arrêta dans un bois, descendit, fit dîner son âne et dîna lui-même de bon appétit avec son fromage et son pain. Après ce repas, le meilleur qu'il eût fait depuis huit jours, il s'endormit au pied d'un arbre, sans seulement se souvenir qu'il eût jamais été gouverneur.

Le pauvre Sancho, harassé des fatigues de la nuit précédente, ne se réveilla qu'après le coucher du soleil. Il se remit en chemin, et les ténèbres le surprirent à une demi-lieue du château du duc. Pour comble de malheur, en errant au milieu de la campagne, lui et sa monture allèrent tomber dans une fosse profonde, voisine d'un vieux château ruiné. Notre écuyer, en tombant, crut que c'en était fait de lui, et qu'il arriverait en morceaux dans le fond de cet abîme ; mais, à la distance de quelques toises, il se trouva sain et sauf dans la même position, c'est-à-dire sur son âne. Il se tâta tout le corps, retint son haleine pour bien s'assurer qu'il était encore en vie ; et, se voyant sans aucun mal, il remercia Dieu de ce miracle; ensuite, cherchant avec ses mains s'il lui serait possible de remonter, il trouva que la terre, coupée à pic, ne lui présentait partout que des murailles droites et rases. Le chagrin qu'il en ressentit fut augmenté par les tendres plaintes de son âne, qui, un peu froissé de la chute, se mit à braire douloureusement. « Ah ! juste ciel ! s'écria Sancho, à combien de maux imprévus l'on est exposé dans ce pauvre monde ! Qui jamais aurait imaginé qu'un homme, ce matin encore gouverneur d'une île superbe, environné de ministres, de gardes et de valets, se trouverait ce soir dans un trou, sans avoir personne pour l'en retirer ! Au moins si j'avais autant de bonheur que monseigneur don Quichotte lorsqu'il descendit dans la caverne de Montésinos ! Il y trouva la nappe mise ; il y vit les plus belles choses du monde, et je ne peux voir ici que des couleuvres et des crapauds. Ah ! mon pauvre âne, mon seul ami, nous allons périr de faim; nous sommes enterrés tout vivants. La fortune n'a pas voulu que nos jours finissent ensemble, dans notre chère patrie, au milieu de notre famille qui, en pleurant notre perte, nous aurait fermé les yeux. Pardonne-moi, mon bon camarade, le triste prix que tu reçois de tes fidèles services; pardonne-moi, ce n'est pas ma faute; mon cœur m'est témoin que la mort m'est moins cruelle pour moi que pour toi. »

La nuit se passa dans ces tristes plaintes; la clarté du jour vint confirmer à notre écuyer qu'il lui était impossible de sortir seul de cette fosse. Il poussa des cris, dans l'espoir d'être entendu de quelque voyageur : nul voyageur ne l'entendit : Sancho criait dans le désert; ne doutant plus que sa mort ne fût certaine, il ne voulut point prolonger ses jours en ménageant le peu qui lui restait de pain ; il le présente à son âne, qui, couché par terre, les oreilles basses, regarda ce pain douloureusement, et le mangea d'assez bon appétit; tant il est vrai que les plus vives douleurs se calment toujours en mangeant ! A l'instant même,

Sancho aperçut à l'extrémité de la fosse une espèce d'excavation dans laquelle un homme pouvait passer. Il y court, s'y glisse, et découvre que cette excavation, plus large en dedans, conduisait dans un long souterrain, au bout duquel on voyait la lumière. Plein d'espérance, il prend un caillou, s'en sert comme d'un outil, et rend l'ouverture assez large pour son âne. Cela fait, il le mène par le licou, et le fait entrer dans ce souterrain, qui, tantôt obscur, tantôt éclairé, lui présente un chemin facile. Il marche ainsi quelque temps, disant en lui-même : « Cette aventure serait bien meilleure pour monseigneur don Quichotte que pour moi ; il ne manquerait pas de trouver ici des jardins fleuris, de belles prairies, de superbes palais de cristal ; il serait charmé. Moi, je tremble de tomber dans quelque précipice plus profond que le premier. Ce serait un miracle d'en être quitte pour ce qui m'est arrivé ; je connais trop bien le proverbe : O malheur, je te salue si tu viens seul ! »

Tout en disant ces mots, il cheminait, et fit à peu près une demi-lieue sans pouvoir trouver le bout du souterrain.

Pendant ce temps, don Quichotte, fatigué de sa longue oisiveté, songeait aussi à prendre congé de ses hôtes. Il allait dans cette intention se promener chaque matin sur le vigoureux Rossinante, afin de le remettre en haleine. Ce même jour, en galopant, il arriva jusqu'au bord d'un trou dans lequel il serait tombé s'il n'eût promptement retenu les rênes. Comme il avançait la tête pour considérer cette cavité, il entend des cris sous la terre, écoute plus attentivement, et distingue ces tristes paroles : « N'y a-t-il personne là-haut ? Quelque bon chrétien, quelque chevalier charitable n'aura-t-il point pitié d'un pauvre gouverneur, tombé dans un précipice ? » Don Quichotte, surpris et troublé, crut reconnaître la voix de son écuyer : « Qui se plaint là-bas ? cria-t-il ; réponds, dis-moi qui tu es. — Eh ! qui pourrait-ce être, sinon Sancho, gouverneur, pour ses péchés, de l'île Barataria, auparavant écuyer du fameux chevalier errant don Quichotte de la Manche ? » Ces paroles augmentèrent la surprise de don

Quichotte ; il s'imagina que Sancho était mort, et que son âme revenait pour lui demander des prières. « Ami, répondit-il, si, comme je le pense, tu souffres dans le purgatoire, tu n'as qu'à me dire ce que je dois faire pour soulager tes tourments : je suis bon catholique, et je fais de plus profession de secourir les malheureux. — Cela étant, monseigneur, vous êtes mon maître don Quichotte ; ayez pitié de votre malheureux écuyer Sancho, qui n'est pas dans le purgatoire, qui n'est pas même mort, à ce qu'il croit, mais qui, après avoir quitté son gouvernement pour des raisons trop longues à vous dire, est tombé dans une fondrière, où il est depuis hier au soir, avec son âne, que voilà, et qui peut certifier s'il ment. »

L'âne aussitôt, comme s'il eût entendu son maître, se mit à braire de toutes ses forces. « Je n'en doute point, je n'en doute point, s'écria don Quichotte, ému ; je reconnais les deux voix. Attends, mon ami, je vais au château chercher du secours. »

Notre héros part, et va raconter au duc et à la duchesse l'accident de son écuyer. Ceux-ci ne furent pas peu surpris d'apprendre qu'il avait abandonné son gouvernement. Ils envoyèrent sur-le-champ beaucoup de monde avec des outils et des cordes à ce souterrain, connu dans le pays depuis des siècles. On vint à bout, à force de travail, de retirer Sancho et son âne.

Le trajet était court jusqu'au château. Sancho, à son arrivée, environné de tous les gens de la maison, alla se mettre à genoux devant le duc, qui l'attendait dans une galerie avec la duchesse. « Votre Grandeur, lui dit-il, sans que je l'eusse mérité, m'a donné le gouvernement de l'île de Barataria : je me suis acquitté de mon mieux de cette pénible charge ; c'est à ceux qui m'ont vu agir à vous dire si ce mieux est bien. Ce qu'il y a de sûr, c'est que j'ai fait des lois nouvelles, rendu des ordonnances, jugé des procès et toujours à jeun, grâce au docteur Pedro Recio, natif de Tirtea Fuera, médecin gagé chèrement pour faire mourir de faim les gouverneurs. Les ennemis sont entrés dans l'île pendant la nuit : plusieurs personnes m'ont assuré que c'était moi qui les avais vaincus ; je le veux bien, et je demande à Dieu de ne jamais recevoir d'autre mal que celui que je leur ai fait. Tandis que je les battais, j'ai réfléchi aux inconvénients de la grandeur, aux pénibles devoirs qu'elle impose, et j'ai pensé que ce poids était trop lourd pour mes épaules. En conséquence, avant que le gouvernement me laissât, j'ai laissé le gouvernement ; et hier matin j'ai quitté l'île, que vous retrouverez avec les mêmes rues, les mêmes maisons, les mêmes toits qu'elle avait lorsque vous me l'avez confiée. J'en suis sorti comme j'y étais entré, n'emportant rien que mon âne, qui a eu le malheur de tomber avec moi dans une fondrière, où nous serions encore sans monseigneur don Quichotte. Ainsi donc, madame la duchesse, voici votre gouverneur revenu à vos pieds, qu'il baise, et revenu surtout de l'idée que les gouvernements soient faits pour lui. Je n'en veux plus, je vous remercie ; je me remets paisiblement au service de mon ancien maître, auprès de qui, si quelquefois j'éprouve de petits accidents, je trouve du moins de la joie, du pain et de l'amitié. »

Tel fut le discours de Sancho, que don Quichotte lui-même applaudit, après avoir craint d'abord qu'il ne lui échappât quelque sottise. Le duc l'embrassa tendrement, et l'assura qu'il était fâché de le voir renoncer si vite au métier de gouverneur, mais qu'il allait s'occuper de lui donner une autre place, moins difficile et plus lucrative. La duchesse voulut aussi embrasser son ancien ami, et donna l'ordre à son maître d'hôtel que les soins les plus attentifs le consolassent de ses disgrâces.

CHAPITRE XXIV

DÉPART DE DON QUICHOTTE DE CHEZ LA DUCHESSE.

Notre héros, charmé dans le fond de son cœur du retour de son écuyer, résolut de ne plus différer à se remettre en campagne. Depuis longtemps il se reprochait de perdre dans la mollesse un temps dont il devait compte à la renommée. Il alla donc prendre congé du duc et de la duchesse, et leur annonça son départ pour le lendemain matin. On lui témoigna les plus vifs regrets.

Le lendemain, don Quichotte, couvert de ses armes et monté sur Rossinante, parut dans la cour du château. Son écuyer, près de lui, sur son âne, montrait un visage satisfait, et ce n'était pas sans motif. L'intendant, d'après les ordres de la duchesse, était venu lui porter en secret une bourse de deux cents écus d'or, que notre écuyer avait baisée et serrée dans son sein. Tous les habitants du château étaient aux balcons, aux croisées ; tous saluaient les deux héros. La duchesse, au milieu de ses femmes, leur tendait les mains, leur répétait adieu.

Don Quichotte rendit galamment les saluts, puis tourna la bride de Rossinante, et, suivi de son écuyer, prit la route de Saragosse.

CHAPITRE XXV

COMMENT LES AVENTURES SE MULTIPLIÈRENT SOUS LES PAS DE NOTRE CHEVALIER.

Aussitôt que don Quichotte se vit en rase campagne, maître de poursuivre ses glorieux desseins, il sentit naître dans son âme une force, une ardeur nouvelle ; et, se tournant vers son écuyer : « Ami, dit-il, dans l'univers il n'est qu'un seul bien digne des efforts, des travaux, de l'amour des hommes : ce bien, c'est la liberté ! Tous les trésors qu'enferme la terre, tous ceux que possède la mer, toutes les jouissances que promet la fortune, tous les plaisirs qu'inventa la mollesse, ne peuvent être comparés à cette liberté précieuse pour laquelle le mortel qui pense expose sans cesse ses jours et les sacrifie avec joie. Je te dis ceci, Sancho, pour que tu ne sois pas surpris de l'aveu que je vais te faire. Tu fus témoin des soins, des hommages, des respects que l'on m'a prodigués dans ce château d'où nous sortons ; de l'abondance, de la grandeur que l'on y voyait régner : eh bien, ami, dans ces banquets magnifiques où les breuvages délicieux, où les mets les plus délicats se succédaient, se variaient sans cesse, rien ne réveillait mon goût, rien ne flattait mes désirs. Je n'étais pas libre ; je me sentais dans la dépendance du possesseur des biens que l'on m'offrait, et ma juste reconnaissance, sans être un fardeau pour mon âme, était une chaîne pour mon esprit. Oh! qu'il est heureux l'homme laborieux qui mange en paix le pain qu'il a gagné, sans avoir à remercier d'autre bienfaiteur que le ciel !

— « Monsieur, répondit l'écuyer, ce que vous dites est fort beau, cependant vous me permettrez d'être bien aise de ce que l'intendant de madame la duchesse est venu me remettre de sa part deux cents écus d'or, dans une bourse que je porte ici sur mon estomac, comme un excellent cordial, un admirable confortatif, qui vous sauvera quelque jour la vie. Vous pouvez vous tranquilliser sur le malheur d'habiter des châteaux où l'on nous traite trop bien : ces châteaux-là ne sont pas communs, tandis qu'il y a dans le monde une infinité d'hôtelleries où l'on est roué de coups. »

En s'entretenant ainsi, nos voyageurs entrèrent dans un bois, peu éloigné de la grande route. A peine eurent-ils fait quelques pas, que don Quichotte se trouva pris dans des filets de soie verte, tendus avec art sous le feuillage. « Sancho, dit-il, ou je suis bien trompé, ou voici une des plus grandes aventures qui me soient encore arrivées : les magiciens, les persécuteurs ont imaginé sûrement de m'arrêter dans ces filets ; mais, fussent-ils l'ouvrage de Vulcain, fussent-ils les mêmes que fabriqua ce dieu jaloux pour surprendre Mars et Vénus, cette main va bientôt les rompre. »

A ces mots, tirant son épée, il se disposait à briser les filets, lorsqu'il vit paraître deux jeunes bergères, dont l'air, la démarche, les riches habits n'annonçaient pas de simples paysannes : leurs blonds cheveux tombaient en longues tresses sur leurs épaules, leurs têtes étaient couronnées d'amarante et de laurier, et la douceur, la politesse se peignaient sur leurs visages.

— « Arrêtez, seigneur chevalier, dit l'une d'elles ; ne brisez point des filets qui ne sont pas un piège pour vous ; nos innocents plaisirs ne nuisent à personne. Ici, sous les tentes dressées au milieu des bois, se réunissent tous les ans, pour passer ensemble les plus beaux jours, plusieurs familles heureuses, habitants d'un bourg voisin ; ici les époux, les parents, les amis, les vieillards eux-mêmes, vêtus en bergers, portant la houlette, retracent une douce image de la vie pastorale. Hier, pour varier nos plaisirs, nous avons tendu ces filets, où nous espérons prendre des oiseaux. Daignez assister à nos jeux, daignez vous reposer sous nos tentes : la franchise et la gaîté vous y recevront, dans la nouvelle Arcadie que nous avons ici formée ; nous nous trouvons heureux d'exercer les devoirs de l'hospitalité.

— « Mesdames, répond le héros, lorsque le jeune Actéon surprit la déesse des bois, il ne fut ni plus étonné ni plus ébloui que je ne le suis : votre présence, vos discours, vos occupations, vos offres polies, tout m'inspire un doux respect mêlé d'une vive reconnaissance. Plutôt que de briser l'instrument de vos plaisirs, j'aimerais mieux, si vos filets couvraient la face de la terre, aller chercher un monde nouveau pour m'y frayer un chemin. Ces paroles, dans une autre bouche, pourraient ressembler à l'exagération, mais elles deviendront bien simples quand vous saurez que celui qui vous parle est don Quichotte de la Manche.

— Ah ! mon amie, s'écrie alors la bergère qui n'avait encore rien dit, quelle est notre félicité ! Le chevalier que nous voyons est le modèle de la valeur. J'ai lu, je sais par cœur son admirable histoire, et je gagerais que cet homme que nous voyons derrière lui est le bon Sancho Pança, le plus spirituel et le plus aimable des écuyers. »

Dans ce moment arrivèrent plusieurs bergers, frères, amis des deux bergères. Instruits par elles que ce héros était le fameux don Quichotte, dont ils avaient lu les grandes actions, ils le supplièrent de nouveau de venir au moins dîner sous leurs tentes. Notre chevalier le promit, et la chasse ayant aussitôt commencé, une foule d'oiseaux, effrayés par les cris, par la bruyante voix des chasseurs, vint se prendre dans les filets. Tout le monde alors arriva ; une trentaine de bergers et de bergères se réunirent autour de don Quichotte, dont on sut à peine le nom, qu'il devint l'objet de tous les hommages.

On le conduisit aux tentes : la table était mise, le dîner prêt. On lui donna la place d'honneur. Sancho se tint derrière lui. La plus aimable conversation anima bientôt le repas. Don Quichotte, qui parlait de tout avec son esprit ordinaire, surprit et charma ses convives. Vers la fin du dîner, don Quichotte dit à ses hôtes :

« Permettez-moi de vous entretenir d'un sujet plus digne de vous, et de vous confier un projet que m'inspire la reconnaissance. Je veux tout à l'heure monter à cheval, me placer sur la grand'-route, et là soutenir contre tout venant, pendant deux soleils entiers, qu'il n'est personne dans l'univers, la seule Dulcinée exceptée, que l'on puisse comparer à ces aimables bergères, pour les grâces et la politesse. »

Aussitôt, et sans attendre de réponse, notre héros sort de table, court monter sur Rossinante, et, suivi de Sancho sur son âne, et de la troupe de pasteurs, qui voulaient voir la fin de cette aventure, il va se planter au milieu de la route, où trois fois il crie, d'une voix de tonnerre, que tous les voyageurs se préparassent à faire l'aveu de ce qu'il avait avancé.

Personne ne répondit, car il ne fut entendu de personne ; mais, quelques instants après, on vit venir dans le chemin des hommes à cheval, à pied, armés de longs bâtons ferrés et conduisant un troupeau d'animaux qui faisaient voler au loin la poussière. Les bergères les eurent à peine distingués, qu'elles se retirèrent avec effroi. Le seul don Quichotte, inaccessible à la crainte, s'affermit sur la selle et demeure à sa place. Sancho se couvre le mieux qu'il peut de la croupe de Rossinante. Le troupeau s'avance, et l'un de ceux qui le guidaient se met à crier : « Range-toi donc si tu ne veux pas que ces taureaux te mettent en pièces. — Vraiment, répond le chevalier, c'est bien à moi que les taureaux font peur ! Quand ils seraient du Xarama, ce bras saura les arrêter, jusqu'à ce que vous ayez confessé que les bergères de ce bocage... »

Il n'acheva point : les taureaux interrompirent son discours en jetant par terre et le héros et son cheval, et l'écuyer et son âne. Ils leur passèrent à tous sur le corps sans seulement les regarder, et lorsque nos aventuriers se relevèrent, les taureaux étaient déjà loin. Don Quichotte, tout en boitant, eut beau courir après eux, les traiter de lâches, de malandrins, aucun ne retourna la tête. Sancho, dans un profond silence, fit relever l'âne et Rossinante, les amena doucement à son maître qui, honteux, et désespéré du triste succès de son entreprise, ne voulut point reparaître devant les bergères de l'Arcadie, et continua son chemin sans dire un mot à son écuyer.

CHAPITRE XXVI

GRAVE DIFFÉREND DE DON QUICHOTTE ET DE SANCHO.

Nos voyageurs gagnèrent un petit bois dans lequel une fontaine claire serpentait sur un vert gazon. Ils s'arrêtèrent au bord de cette eau, rafraîchirent leurs mains, leurs visages ; et, laissant paître l'âne et Rossinante, ils se couchèrent sur l'herbe tendre. Sancho, toujours en silence, alla chercher les provisions dont il avait rempli le bissac, vint les placer devant don Quichotte, et, n'osant y toucher le premier, il les regardait tristement, reportait ensuite les yeux sur son maître, et poussait de profonds soupirs.

— « Mange, mange, lui dit don Quichotte : les chagrins s'apaisent en mangeant : la mort seule peut calmer les miens. Cette mort est l'unique objet de mes vœux, lorsque je songe que ce don Quichotte, dont tout l'univers lit l'histoire, dont les exploits ont lassé les cent bouches de la renommée, ce chevalier respecté des princes, vient de se voir, au moment où il attendait de nouveaux triomphes, foulé aux pieds d'immondes animaux. C'en est fait, ami, je ne puis soutenir tant de honte ; et puisque la douleur ne suffit point pour cesser de vivre, je veux que la faim termine mes jours.

— Ah ! monsieur ! que dites-vous là ? répondit Sancho, tout en profitant de la permission de souper ; la plus affreuse des morts est celle dont vous parlez. D'ailleurs l'accident qui nous est arrivé ressemble si fort à tant d'autres dont nous sommes bien revenus que je ne vois pas pourquoi vous ne le soutiendriez pas avec votre courage ordinaire. Croyez-moi, mangez un petit morceau, dormez ensuite sur cette herbe fraîche : je vous promets qu'en vous réveillant vous vous trouverez beaucoup mieux. »

Après ces mots, notre écuyer acheva tranquillement de souper et, souhaitant le bonsoir à son maître, s'endormit sur l'herbe, d'un profond sommeil.

CHAPITRE XVII

RÉCEPTION DE NOTRE HÉROS A BARCELONE, ET SON ENTRETIEN AVEC LA TÊTE ENCHANTÉE.

Le lendemain était le jour de la Saint-Jean. L'aurore, qui venait de paraître, découvrit aux yeux de nos deux héros la superbe ville de Barcelone, son port, ses rivages, et la mer, qui leur parut à tous deux beaucoup plus grande que les étangs de Ruidera, si célèbres dans la Manche. En même temps le bruit des timbales, le son des hautbois se firent entendre au milieu de la ville ; et des cris de joie, lancés dans les airs, annoncèrent la solennité de la fête. Le ciel était pur, l'air serein ; le soleil, de ses rayons d'or, faisait étinceler tous les objets. Les galères et les navires, déployant leurs flammes et leurs banderoles, commencèrent à se mouvoir au son des clairons, des trompettes et des divers instruments de guerre. Une foule de cavaliers, parés de riches habits, montés sur des chevaux superbes, couraient au galop border le rivage ; des décharges de mousqueterie se mêlaient aux belliqueuses fanfares ; et les canons des vaisseaux répondaient par intervalles à l'artillerie des remparts.

Don Quichotte et surtout Sancho demeuraient éblouis de ce spectacle, lorsqu'ils virent accourir vers eux un groupe de cavaliers. L'un d'eux s'écrie en arrivant : « Que le miroir, le flambeau, le digne modèle de la chevalerie soit le bienvenu dans notre cité ! Que tous s'empressent de rendre hommage au brave, au fameux don Quichotte ! »

Notre chevalier n'eut pas le temps de répondre ; il fut entouré, pressé, emporté pour ainsi dire vers la ville, dans laquelle il fit son entrée au milieu de ce brillant escadron, précédé par la musique, et suivi d'un peuple nombreux, qui se précipitait sur son passage. On le conduisit ainsi jusqu'à la maison de l'un des cavaliers, nommé don Antonio Moréno. Antonio le fit loger dans le plus beau de ses appartements, lui prodigua les honneurs, les soins les plus attentifs ; et Sancho, qu'il n'oublia point, se réjouit de se retrouver dans la maison du bon don Diègue, ou dans le château de la duchesse.

Lorsque don Quichotte eut quitté ses armes, et qu'il se fut revêtu de son beau pourpoint chamois, il vint rejoindre la compagnie qui l'attendait pour dîner. On se mit à table : la jeune épouse d'Antonio, placée à côté du chevalier, lui fit les honneurs du festin avec autant d'esprit que de grâce. Notre héros déploya pour elle toute sa galanterie, et Sancho, présent au repas, et que sa gaieté rendait babillard, amusa tous les convives, en racontant ce qu'il avait souffert pendant son gouvernement.

Après le dîner, don Antonio conduisit son hôte et quelques personnes de la compagnie dans un assez grand cabinet, dont le principal ornement était un buste de bronze placé sur un long pied de jaspe. « Seigneur chevalier, dit-il en lui faisant remarquer ce buste, cette tête que vous voyez, et que vous prenez peut-être pour celle de quelque empereur, est le chef-d'œuvre de la nécromancie ; c'est l'ouvrage d'un enchanteur polonais, disciple du fameux Scot, dont on raconte tant de merveilles. Cet homme extraordinaire logea chez moi, et pour mille écus d'or me laissa ce buste, qui répond comme une personne à toutes questions qu'on lui fait. Vous êtes le maître, ajouta-t-il, d'en faire sur-le-champ l'épreuve; et si vous voulez, je vais commencer. »

Alors, s'adressant au buste : « Tête, dit-il, je te demande de me dire quelle est ma pensée dans ce moment. » Le buste, sans remuer les lèvres, mais d'une voix claire et distincte, répondit : « Je ne pénètre point tes pensées. » Don Quichotte demeura muet de surprise. Sancho fit un signe de croix. « Tête, continua don Antonio, dis-moi combien nous sommes ici. » Le buste répond : « Toi, ta femme, deux de tes amis, deux dames, un fameux chevalier nommé don Quichotte, et son écuyer Sancho Pança. » L'étonnement de tout le monde fut extrême. Don Quichotte, à son tour, voulut l'interroger : « Tête, dit-il, ce que j'ai vu dans la caverne de Montésinos était-il vrai ou fantastique ? — Ce que tu me demandes, répondit le buste, sur la caverne de Montésinos serait le sujet d'une discussion longue, dans laquelle je ne veux point entrer. — Il suffit, s'écria le héros. » Sancho s'approche alors doucement : « Madame la tête, dit-il, serai-je encore gouverneur? reverrai-je mes enfants et ma femme? — Oui, répondit le buste, tu gouverneras dans ta maison ; c'est alors que tu reverras ta Thérèse et tes enfants. — Pardi, voilà une belle réponse ! s'écria Sancho ; j'en aurais dit autant sans être sorcier. »

Antonio consola l'écuyer en lui promettant qu'un autre jour la tête s'expliquerait davantage. Il finit par recommander le secret à tous les témoins de cette merveille; mais ce secret fut mal gardé : bientôt on ne parla dans la ville que de la tête enchantée. Antonio, craignant le Saint-Office, se hâta d'aller expliquer aux inquisiteurs comment un tuyau placé dans le piédestal de ce buste creux portait à l'oreille d'un homme caché dans une chambre au-dessous tout ce qui se disait en haut, et rapportait de même les réponses que cet homme s'amusait à faire.

CHAPITRE XXVIII

GRANDE AVENTURE, QUI DE TOUTES CELLES QU'ON A VUES
FUT LA PLUS DOULOUREUSE POUR NOTRE HÉROS.

Le lendemain de ce jour, Antonio et ses amis proposèrent à don Quichotte de venir visiter les galères. Sancho témoigna une grande joie de cette proposition, et suivit son maître sur le port. Le général, qu'on avait prévenu, aussitôt qu'il les vit arriver, fit abattre les tentes et sonner des fanfares; un esquif, couvert de riches tapis, garni de coussins de velours, vint prendre nos deux héros; le canon de la capitane se fit entendre, et les autres galères lui répondirent. Au milieu de ces honneurs, don Quichotte montait à l'échelle; tout l'équipage le salua par des cris trois fois répétés. Le général, après l'avoir embrassé, lui fit un beau compliment, qui ne resta pas sans réponse; et le signal fut donné pour une promenade sur la mer.

De nouvelles fêtes, de nouveaux plaisirs l'occupèrent le lendemain. Malgré tant d'honneurs, notre héros, après six jours, songeait à quitter Barcelone pour reprendre les nobles travaux auxquels il s'était consacré. Dans cette pensée, un matin, couvert de toutes ses armes, monté sur le bon Rossinante, il fut se promener sur le rivage, suivi d'Antonio et de ses amis. Comme il s'entretenait avec eux, on voit paraître tout à coup sur la plage un chevalier armé de pied en cap, monté sur un magnifique cheval, cachant son visage sous sa visière, et portant sur son large bouclier une lune éblouissante. Cet inconnu arrive au galop, s'arrête devant don Quichotte, et d'une voix haute et fière :

« Illustre guerrier, dit-il, tu vois le chevalier de la Blanche-Lune; dès longtemps la renommée a dû t'apprendre quel est ce nom. Je viens m'éprouver avec toi; je viens te faire convenir que la dame de mes pensées l'emporte sur ta fameuse Dulcinée. Si tu consens à l'avouer de bon gré, tu m'épargneras la peine de te vaincre et le regret de te donner la mort ; si ton mauvais destin te force à combattre, écoute les conditions de notre combat : vaincu par moi, tu te retireras dans ta maison, où j'exige que tu passes une année sans reprendre l'épée ; vaincu par toi, je t'abandonne mes armes, mon cheval, ma vie et ma gloire. Décide-toi promptement, je n'ai que ce seul jour à te donner.

— « Chevalier de la Blanche-Lune, répond don Quichotte, aussi surpris qu'irrité de tant d'arrogance, ta folle erreur me fait pitié ; mais j'accepte tes conditions, je n'en refuse que l'abandon que tu me fais de ta gloire : elle n'est pas encore venue jusqu'à moi, et la mienne n'en a pas besoin. Hâtons-nous donc de mettre à profit le seul jour que tu m'as destiné ; prends du champ, prépare ta lance, et commençons à l'instant même. »

Don Antonio, témoin de cette conversation, ne douta point que ce ne fût une aventure imaginée par quelqu'un de Barcelone ; il regardait ses amis en souriant, et leur demandait des yeux s'ils étaient dans le secret ; mais aucun d'eux ne connaissait le chevalier de la Blanche-Lune, et ne savait s'il fallait s'opposer à ce terrible combat. Au milieu de cette incertitude, les deux adversaires avaient pris du champ ; il n'était plus possible de les séparer ; déjà tous deux fondaient l'un sur l'autre. Le coursier de l'inconnu, plus grand, plus fort que Rossinante, fournit presque à lui seul toute la carrière ; il arriva comme la foudre sur le malheureux don Quichotte, et le jeta, lui et son cheval, à vingt pas de là sur le sable. Aussitôt le chevalier vainqueur, qui n'avait pas voulu se servir de sa lance, et l'avait relevée exprès en rencontrant notre héros, revint vers lui et lui dit : « La seule chose que j'exige, c'est que le grand don Quichotte, observant les conditions de notre combat, s'abstienne de porter les armes pendant une année entière, et se retire dans sa maison. — Il le jure, foi de chevalier, répond le héros vaincu, puisqu'il n'y a rien dans ce serment de contraire à l'honneur. »

A ces mots, l'inconnu prend le galop et s'en retourne vers la

Combat de don Quichotte et du chevalier de la Blanche-Lune.

ville. Don Antonio, toujours surpris, court après lui, s'attache à ses pas, tandis que ses amis et Sancho, désolés, relevaient le pauvre don Quichotte, le faisaient mettre sur un brancard, et le rapportaient tristement chez lui.

CHAPITRE XXIX

CE QUE C'ÉTAIT QUE LE CHEVALIER DE LA BLANCHE-LUNE. — DÉPART DE DON QUICHOTTE. — SA MORT

Antonio, qui brûlait de connaître le chevalier de la Blanche-Lune, ne le perdit pas un instant de vue ; et, le voyant entrer dans une maison, il y entre aussitôt après lui ; là il le trouve occupé de se faire désarmer. L'inconnu lui dit avec un sourire : « Seigneur, je crois pénétrer le motif qui vous attire sur mes pas : vous voulez savoir qui je suis ; je ne vous en ferai point un mystère. On m'appelle Samson Carrasco ; je suis du village de don Quichotte. La folie de ce bon gentilhomme, que nous estimons, que nous aimons tous, a fait naître dès longtemps ma pitié : j'ai pensé, d'après les conseils de plusieurs de mes amis, que le repos et la retraite étaient les seuls moyens qui nous restaient de le rendre à la raison. Je me suis donc fait chevalier errant pour le combattre, le vaincre, et le forcer de retourner chez lui.

« J'ai réussi, grâce au ciel ! Je vous supplie, seigneur, de ne point révéler ce que je vous confie ; vous auriez le chagrin de nuire à la guérison d'un homme de bien, dont les qualités et l'esprit méritent votre intérêt.

— « Seigneur, lui répondit Antonio, je n'ose vous avouer que j'ai du regret à voir accomplir un dessein aussi louable que le vôtre ; vous allez priver le monde d'un grand plaisir, et jamais don Quichotte sage ne vaudra don Quichotte fou. Au surplus, j'ai de la peine à penser que tous vos efforts, toute votre industrie puissent remettre en son bon sens une tête aussi dérangée ; je n'en serai pas moins fidèle au secret que vous me confiez, et je vous offre de bon cœur tout ce qui pourrait vous être agréable dans un pays étranger pour vous. »

Le bachelier remercia l'obligeant Antonio, se débarrassa de ses armes, qu'il fit attacher sur un mulet, monta sur son cheval de bataille, et sortit à l'instant de la ville pour s'en retourner chez lui.

Pendant ce temps, notre héros, affligé, confus et moulu, était tristement dans son lit, où Sancho tâchait de le consoler. « Allons, monsieur, lui disait-il, reprenez un peu de courage ; vous devez encore rendre grâces à Dieu de n'avoir aucun membre cassé. Il faut savoir prendre le temps comme il vient, souffrir ce qu'on ne peut empêcher, et sur toute chose se passer des médecins ; vous n'en aurez nul besoin, j'espère : vous serez bientôt rétabli. Nous nous en retournerons bravement dans votre village, nous y vivrons en paix, en joie ; et vous verrez, je vous le promets, qu'il est possible d'être heureux sans chercher les aventures. »

Don Quichotte, ainsi soutenu par les discours de son écuyer, par les soins, par les attentions d'Antonio, de son épouse, demeura six jours dans son lit. Au bout de ce temps, il voulut partir, et prit congé de ses hôtes. Les regrets qu'on lui témoigna furent sincères : il embrassa don Antonio, promit de lui donner de ses nouvelles ; et, sans armes, sans épée, dans l'équipage d'un vaincu, monté sur Rossinante encore boiteux, précédé de l'âne qui portait son armure, et de Sancho marchant à pied, notre héros se mit en chemin.

Deux jours s'écoulèrent ainsi ; nos héros arrivèrent enfin sur le haut d'une colline d'où ils découvrirent leur village. A cette vue, Sancho se mit à genoux : « O ma chère patrie ! s'écria-t-il, tu vas revoir ton fils Sancho, non bien riche, mais bien étrillé ! reçois-le dans ton sein, ainsi que son maître le valeureux don Quichotte, qui revient, à la vérité vaincu, mais dont le nom n'en fera pas moins et ton honneur et ta gloire. »

Don Quichotte dit à son écuyer de se lever, et tous deux entrèrent dans le village. Les premières personnes qu'ils rencontrèrent furent le curé et le bachelier Carrasco, qui sortaient pour se promener ; à peine eurent-ils reconnu leur ancien ami qu'ils vinrent à lui les bras ouverts. Don Quichotte descendit de cheval, les serra contre sa poitrine et les tenant tous deux par la main, prit le chemin de sa maison, suivi d'une foule d'enfants, qui criaient de toutes leurs forces : « Voici le seigneur don Quichotte! voici le Sancho Pança ! Venez, venez, madame Thérèse. » Thérèse accourut à demi vêtue, avec sa fille Sanchette ; et ne voyant pas son mari dans l'équipage d'un gouverneur : « Qu'est ceci, dit-elle, mon homme? Où est donc votre carrosse? où sont vos gens et votre équipage? Je crois, par ma foi, que tu es à pied. — Oui, femme, lui répond Sancho ; mais tu peux toujours m'embrasser, car je t'apporte de l'argent, et de l'argent bien gagné, je t'assure. — Ah! mon ami ! mon bon ami ! que je suis aise de te revoir ! Je te trouve engraissé, mon fils. Embrasse donc ta fille Sanchette, qui t'attendait comme on attend la rosée du printemps. Viens, viens vite à notre maison ; nous avons, j'espère, bien des choses à dire. » A ces mots, la mère et la fille prennent Sancho par-dessous le bras son âne par le licou, et les emmènent en les baisant tous deux.

La gouvernante et la nièce, sorties pour recevoir don Quichotte, firent éclater des transports de joie qui touchèrent notre héros. Il se pressa de leur raconter comment il avait été vaincu, et comment il avait juré de ne porter les armes d'une année. Le bachelier et le curé s'efforcèrent en vain de le consoler ; rien ne put éclaircir la sombre tristesse qui se lisait sur son visage. Ses deux amis le quittèrent, en lui recommandant de veiller sur sa santé, de songer à se distraire : ce qu'il promit d'un air sérieux. La gouvernante lui donna de longs et sages conseils, qu'il écouta sans répondre ; et sa mélancolie augmenta le soir et le lendemain.

Quelques jours se passèrent ainsi : le silencieux don Quichotte semblait ne prendre intérêt à rien ; l'appétit, le sommeil l'avaient abandonné. Sans se plaindre, sans marquer d'humeur, il cherchait la solitude, rêvait, méditait sans cesse, et cachait avec soin les pleurs qui souvent bordaient ses paupières. Le seul Sancho, lorsqu'il venait le voir, lui causait encore un léger sourire ; mais c'était son unique réponse aux plaisanteries de son écuyer.

Hélas ! les malheureux humains, quelque distingués qu'ils soient par leur grandeur, par leur gloire, par les dons de la nature, marchent toujours d'un pas rapide vers la tombe, qui les attend. Don Quichotte était près d'y descendre ; soit que son heure fût venue, soit que le chagrin l'eût avancée, il fut pris d'une fièvre ardente qui le força de garder le lit. Pendant tout le temps de sa maladie, le curé, maître Nicolas et Carrasco ne quittèrent point leur ami ; le bon Sancho, triste, inquiet, ne sortit pas de sa chambre. On envoya chercher un médecin, qui jugea que la mélancolie était la seule cause du mal. Sancho, malgré sa douleur sincère, redoubla d'efforts pour égayer son maître. Le malade l'écoutait, le regardait tendrement, et, par son regard, lui faisait comprendre qu'il pénétrait sa bonne intention.

Le mal fit bientôt des progrès : le médecin, au bout de six jours, ne donnait guère d'espérance. Don Quichotte sentait son état ; il pria qu'on le laissât seul, parce qu'il voulait dormir ; ce sommeil dura près de sept heures. La gouvernante et la nièce le pleuraient déjà comme mort ; mais tout à coup don Quichotte, réveillé, les appelle : « Mes chères filles, dit-il, rendez grâces au Dieu tout-puissant, dont l'infinie miséricorde vient de m'accorder aujourd'hui le plus signalé des bienfaits. — Mon cher oncle, répondit sa nièce, que veut dire Votre Seigneurie ? — Ma nièce, reprit-il doucement, c'est le bien le plus précieux à l'homme, celui qui seul peut lui procurer un peu de repos dans cette misérable vie, et le mettre à même d'obtenir dans l'autre la récompense des vertus. Ce bien si cher, c'est la raison ; je l'avais perdue, ma nièce, en employant mes trop longs loisirs à des lectures insensées ; le ciel me la rend aujourd'hui ; je n'en jouirai pas longtemps ; ma reconnaissance n'en est pas moins vive. Je veux profiter du moins de ces courts moments, les seuls que je puisse compter dans ma vie, pourréparer autant qu'il est en moi les erreurs de mon long égarement, pourfaire le bien que je n'ai pas fait. Appelez donc, je vous prie, mon ami M. le curé, le bachelier Samson, maître Nicolas et le fidèle Sancho, à qui je dois demander pardon de lui avoir fait partager mon délire. »

Comme il achevait ces paroles, ils arrivèrent tous quatre. « Mes amis, reprit le mourant, je vous demandais, je vous désirais. Hâtez-vous de me féliciter de ce que je ne suis plus don Quichotte de la Manche; je suis Alonzo Quixano, que l'on surnommait autrefois *le Bon*. Cessez, cessez de voir en moi l'imitateur d'Amadis, de Galaor, de ces héros imaginaires que mon extravagance avait pris pour modèles ; n'y voyez que votre voisin, votre fidèle ami, votre frère, dont le faible esprit, longtemps aliéné, retrouve à sa dernière heure assez de raison pour se repentir. Profitons-en, monsieur le curé ; daignez entendre l'aveu de mes fautes. Et vous, messieurs, pendant ce temps, faites venir, s'il vous plaît, un notaire pour qu'il écrive mes dernières volontés. »

On l'écoutait en silence, on se regardait avec surprise et douleur. Sancho, qui jusqu'à ce moment n'avait pu croire son maître en danger, tombe à genoux auprès du lit, et se met à fondre en larmes. Le malade, lui tendant la main, le pria de le laisser avec M. le curé. Sa confession ne fut pas longue ; hélas ! son cœur était si pur ! Lui-même rappela tout le monde ; la gouvernante, la nièce, arrivèrent en poussant des cris : Don Quichotte les consola. Lorsque le notaire fut venu, il lui dit de commencer son testament dans les formes ordinaires ; ensuite, rassemblant le peu de forces qui lui restaient, il se souleva, s'assit sur son lit et, d'une voix faible, dicta ces paroles :

« Je laisse à mon ami Sancho Pança, que j'appelais mon écuyer dans le temps de ma folie, deux cents écus que l'on prendra sur le plus clair de mon bien ; de plus, tout l'argent que je lui confiai lorsque nous partîmes ensemble, défendant à mes héritiers de lui en demander jamais compte, et ne regrettant des extravagances dont il a si souvent été le témoin que l'espoir qu'elles me donnaient de lui faire une grande fortune.

— « Non, monsieur, interrompt Sancho en pleurant, et voulant empêcher le notaire d'écrire, non, monsieur, vous ne mourrez point ; il n'est pas possible que vous mouriez. Suivez mes conseils, mon cher maître : vivez, vivez, et bannissez ce noir chagrin qui seul vous met dans l'état où vous êtes. Je ferai tout ce que vous voudrez, nous irons où il vous plaira ; berger, chevalier, écuyer, tout m'est égal, pourvu que je sois avec vous ; si vous ne pouvez pas vous consoler du malheur d'avoir été vaincu, je dirai que c'est ma faute ; je déclarerai, j'affirmerai par serment, que j'avais mal sanglé Rossinante, que c'est à moi seul que l'on doit s'en prendre, et que jamais.....

— « Bien obligé, mon pauvre Sancho, interrompt doucement le malade ; tu m'as vu si longtemps insensé que tu ne dois pas croire encore que je sois devenu sage. Oublions nos vieilles erreurs, sans oublier notre vieille amitié ; c'est toujours ton ami qui t'écoute, mais ce n'est plus don Quichotte ; et, pour me servir avec toi d'un de ces proverbes que tu aimais tant, je te dirai que les oiseaux de l'an passé ne se trouvent plus dans le nid. Laisse-moi continuer, mon enfant, et reçois mon tendre regret de ne pouvoir te faire plus de bien. »

Il institue alors pour son héritière Antonine Quixana sa nièce, à la charge de payer une pension à son ancienne gouvernante, et de faire quelques présents qu'il indiqua comme des gages d'amitié au bachelier Carrasco, à maître Nicolas, à M. le curé, qu'il nomma son exécuteur testamentaire. Il finit par demander pardon des mauvais exemples qu'il avait pu donner lorsqu'il était privé de sa raison.

Aussitôt que le notaire eut achevé ses tristes fonctions, don Quichotte pria M. le curé d'aller chercher les sacrements ; il les reçut avec une piété, une résignation, une ferveur qui édifièrent tout le monde ; et le soir étant retombé dans une grande faiblesse, il rendit son âme à Dieu.

Ainsi finit le héros de la Manche. On lui fit beaucoup d'épitaphes ; voici la seule qui soit restée ; elle est de Samson Carrasco :

> Passant, ici repose un héros fier et doux,
> Dont les nobles vertus égalaient le courage.
> Hélas ! s'il n'eût été le plus charmant des fous,
> On eût trouvé dans lui des humains le plus sage.

TABLE DES MATIÈRES

PREMIÈRE PARTIE

Chapitre Ier.	— Du caractère et des occupations du fameux don Quichotte de la Manche.	7
— II.	— Comment don Quichotte sortit de chez lui la première fois.	10
— III.	— De l'agréable manière dont notre héros reçut l'ordre de chevalerie.	14
— IV.	— De ce qui advint à notre chevalier au sortir de l'hôtellerie.	18
— V.	— Suite du malheur de notre héros.	25
— VI.	— Du grand examen que firent le curé et le barbier dans la bibliothèque de notre gentilhomme.	28
— VII.	— Seconde sortie du chevalier.	30
— VIII.	— Comment don Quichotte mit fin à l'épouvantable aventure des moulins à vent.	33
— IX.	— Conversation intéressante entre don Quichotte et son écuyer.	39
— X.	— Don Quichotte chez les chevriers.	42
— XI.	— Triste rencontre que fit don Quichotte de muletiers très impolis.	44
— XII.	— Aventures de l'hôtellerie.	48
— XIII.	— Entretien de nos deux héros, avec d'autres aventures importantes.	54
— XIV.	— Etrange rencontre que fit don Quichotte.	60
— XV.	— De la plus extraordinaire des aventures que don Quichotte mit à fin.	65
— XVI.	— Conquête de l'armet de Mambrin.	69

TABLE DES MATIÈRES

CHAPITRE XVII. — Des choses extraordinaires qui arrivèrent à notre chevalier dans la Sierra-Morena. 77
— XVIII. — Continuation de l'aventure de la Sierra-Morena. . . 83
— XIX. — Comment le vaillant chevalier de la Manche imita le beau Ténébreux 87
— XX. — Folie de don Quichotte dans la Sierra-Morena. . . . 90
— XXI. — Grands événements dignes d'être racontés. 92
— XXII. — Nouvelle et surprenante aventure. 95
— XXIII. — Comment l'aimable Dorothée raconta qu'elle avait perdu sa couronne 100
— XXIV. — Arrivée à l'hôtellerie 101
— XXV. — Épouvantable combat où don Quichotte est vainqueur. 103
— XXVI. — Enchantement de notre héros 105

SECONDE PARTIE.

CHAPITRE Ier. — Comment se conduisent avec don Quichotte le curé et le barbier. 111
— II. — Visite de Sancho Pança 112
— III. — Entretien de don Quichotte, de Sancho et du bachelier. 114
— IV. — Suite de la conversation 118
— V. — Dispute de Sancho avec sa femme. 120
— VI. — Entretien particulier de don Quichotte et de son écuyer. 121
— VII. — Aventure des trois paysannes. 124
— VIII. — Aventure du char de la Mort. 131
— IX. — Rencontre du vaillant don Quichotte et de don Diègue de Miranda 134
— X. — Où l'on verra la plus grande preuve de courage que don Quichotte ait jamais donnée. 138
— XI. — Séjour de notre héros chez don Diègue, avec d'autres extravagances. 147

TABLE DES MATIÈRES

CHAPITRE XII. — Où l'on trouvera des détails extravagants et ridicules, mais nécessaires à l'intelligence de cette étonnante histoire. 150
— XIII. — Les marionnettes de Mélisandre. 155
— XIV. — Comment notre héros rencontra une belle dame qui chassait 159
— XV. — Qui contient de grandes choses. 163
— XVI. — Entretien de la duchesse et de Sancho. 167
— XVII. — Grande aventure de la forêt. 172
— XVIII. — Conseils de don Quichotte à Sancho sur le gouvernement de son île. 173
— XIX. — Départ de Sancho pour son île. Etrange aventure arrivée à don Quichotte 175
— XX. — Nouvelle persécution qu'éprouva notre chevalier . . 181
— XXI. — Continuation du gouvernement de Sancho Pança. . . 182
— XXII. — Laborieuse fin du gouvernement de Sancho. . . . 189
— XXIII. — De ce qui arriva dans la route à Sancho Pança . . 194
— XXIV. — Départ de don Quichotte de chez la Duchesse. . . . 198
— XXV. — Comment les aventures se multiplièrent sous les pas de notre chevalier. 199
— XXVI. — Grave différend de don Quichotte et de Sancho . . . 203
— XXVII. — Réception de notre héros à Barcelone, et son entretien avec la tête enchantée. 204
— XXVIII. — Grande aventure, qui de toutes celles qu'on a vues fut la plus douloureuse pour notre héros. 207
— XXIX. — Ce que c'était que le chevalier de la Blanche-Lune. — Départ de don Quichotte · sa mort 211

TABLE DES GRAVURES

	Pages
Cervantès.	4
Don Quichotte.	21
Combat de troupeaux de moutons. — Sancho panse don Quichotte.	57
Don Quichotte et les galériens.	73
Don Quichotte, le bachelier Samson et Sancho.	115
Don Quichotte et les trois paysannes.	127
L'aventure des lions.	141
Sancho chez la duchesse.	169
Entrée de Sancho Pança dans son île.	177
Combat de don Quichotte et du chevalier de la Blanche-Lune,	209

www.ingramcontent.com/pod-product-compliance
Lightning Source LLC
Chambersburg PA
CBHW051919160426
43198CB00012B/1959